1987年，李国庆从北大毕业，手里拿着北大优秀毕业生证书和奖牌

拍摄于1988年，此时李国庆刚大学毕业没多久

大学毕业 5 年后，
下海创办出版服务公司

1992 年，李国庆在出版服务公司

1994 年和书友会负责人交流

2000 年，当当成立 1 周年时，在当当标识下拍照留念

当当创办第 5 年，去当当库房研究物流重组

2011 年，受东方卫视邀请参加“波士堂”节目

2016 年，开创新当当！

2016 年
当当第十届书香节期间
李国庆和贾平凹、麦家等作家的合影

2017 年，
当当第十一届书香节上
李国庆在颁奖典礼上发表演讲

2019 年，李国庆创立早晚读书

参加全国新闻出版局长会议

敢当

DANG DANG

李国庆

创业人生和商业逻辑

李国庆 著

北京联合出版公司
Beijing United Publishing Co.,Ltd.

图书在版编目（CIP）数据

敢当：李国庆创业人生和商业逻辑 / 李国庆著 . -- 北京：北京联合出版公司，2024.6

ISBN 978-7-5596-7543-9

Ⅰ. ①敢… Ⅱ. ①李… Ⅲ. ①李国庆－自传 Ⅳ. ① K825.38

中国国家版本馆 CIP 数据核字 (2024) 第 068959 号

敢当：李国庆创业人生和商业逻辑

作　　者：李国庆
出 品 人：赵红仕
责任编辑：管　文
封面设计：吴黛君

北京联合出版公司出版
（北京市西城区德外大街83号楼9层 100088）
北京新华先锋出版科技有限公司发行
大厂回族自治县德诚印务有限公司印刷　新华书店经销
字数180千字　620毫米×889毫米　1/16　16印张
2024年6月第1版　2024年6月第1次印刷
ISBN 978-7-5596-7543-9
定价：58.00元

·序·

因为接纳　所以敢当

李国庆大哥的《敢当：李国庆创业人生和商业逻辑》（以下简称《敢当》）这本书很好看。这本书从 1986 年他在北大上大三开始讲起，到 2022 年他做直播电商……36 年里，我看到了他一年年地奋斗，一次次地出发，一次次地复盘……

很多朋友买名人传记、企业传记，是为了看名人不为人知的奋斗传奇，想用 50 块钱买本"不传之秘"，但是看后往往觉得企业家自述不如成功学的文章来得刺激。是啊，企业家是以自己的"行"，来表达自己的"知"，和成功学文章是不一样的，就像海浪有海浪的样子，土地有土地的样子，大树有大树的样子。

读《敢当》这本书后，我们可以问自己三个问题：

那一年，我在做什么？如果我面对同样的处境，我会怎么做？如果我也经历了同样的处境，我会不会讲出来，公之于众？

本书一开篇，讲李国庆还在北大读书的时候，感受到了国人对知识的饥渴，于是开始从国外寻找图书，找人翻译后给出版社赚策划费，并借此进入出版行业。紧接着，他就掉进了一个大坑里，简单来说就是轻信合作伙伴，导致仓库里积压了大量图书。这让李国庆在大学还没毕业的时候就负债 150 万元。

要知道那个年代，普通人月薪也就 80 元，150 万元的巨债，他靠工资不吃不喝 1500 年也还不完。

对此，李国庆的描述风轻云淡，但如果当时负债的是你的话，你会如何?

你会选择跑路，还是留下来努力爬出这个坑?

留下来努力爬出这个坑，这话说起来容易，事实上，一个陷进坑里的人，只靠自己的力量几乎爬不出来，需要有人拉一把。有时候坑太深了，甚至还会把别人也拉到坑里。其实，连累别人才是无数创业者的噩梦，尤其被连累的都是最信任自己、最爱自己的人。

李国庆用简单的文字陈述了一些事实，讲了他在人生的第一个困境里，那些伸向他的手。

比如他的父母：要债的人为了催债，住在他父母楼下的招待所里，他还请要债的人在家里吃饭。

比如他的老师：他的老师为了他，代他向别人借 10 万块钱。

…………

如果你是李国庆，你在大学没毕业就捅了这么大的娄子，“连累”“麻烦”了这么多人，此后，你会选择什么样的路呢?

这只是青年李国庆遇到的第一个困境，此后的 36 年，还有接连不断的挑战在等着他。

读《敢当》这本书，你会频繁看到“失败”这个词。而且这个词往往就在一段故事的结尾。他没有为失败辩解、粉饰，然后开始讲述下一段创业故事。

我再问，如果是你，你如何面对一段失败？如何处理一段失败？如何讲述一段失败？

普通人做事有三怕：第一怕麻烦别人，第二怕失败，第三怕丢面子。这三点，束缚了大部分人的手脚和心灵。

不是他们不想创业，也不是他们认知水平不够，而是他们不敢尝试。

所以，哪有什么不传之秘，每个企业家的成功，都来自他们一往无前的勇气。他们早就看穿了普通人所谓的面子，并以平常心看待失败。

最近网上又有一个流行词语叫“接纳自己”。

什么是接纳自己？很多人以为就是接纳自己是一个平庸的人，接纳自己干啥啥不成，然后躺平混吃等死。

这叫接纳自己吗？这叫封死自己，封死自己的生命力。

《敢当》这本书里，没有直接写出来、但其实最应该被看到的是：李国庆的生命力。

横跨三十多年，几个世代，他一直在潮头。这有多难！这是多么强悍的生命力！

所以什么是接纳自己？其实是接纳现实。

所谓的不接纳自己，其实是不接纳现实，是对现实的防御、回避、排斥。

人为什么会失败？因为你要面对的现实大于你的能力。而如果你只是抱怨它、防御它、回避它、排斥它，那你就根本没有了解它的机会。人就被封死在这里。

《敢当》这本书，讲了李国庆的无数成败，以及每一次他对成败的复盘。三十六年创业的经历，提高了他的认知，加强了他面对现实的能力。

对现实的接纳，其实就是自我成长。

《敢当》这本书，传递了一种生命姿态，就是一直在接纳，一直在开放，一直在成长。一个人到了 50 岁，还在继续成长，到了 60 岁，还在继续成长……

什么是生命力该有的样子？它代表的不只是乌黑的头发、娇嫩的皮肤，还是开放的心灵。生命力强的人一直可以接纳新的现实，纳入新的养分，长出新的认知，然后再接纳新的现实。

所以，读《敢当》这本书，我们学到了什么呢？

如果只学一条的话，那就是我们都应该学习李国庆的自我接纳。

因为接纳所以成长，因为成长所以能当、敢当！

2023 年底，应一个老友的约，李国庆大哥和我们一群老友去重庆的山里吃烤羊、喝大酒。三十年前，大家就这样嘻嘻哈哈。时光夺走了我们青春勃发的脸，但是没有夺走我们的笑颜。

那天喝到很晚，欢声笑语不断。我走出帐篷，忽然想到一句诗：

出门一笑无拘碍，云在东湖月在天。

梁　宁

·自　序·

我带领当当近 20 年，先后迎战淘宝、亚马逊，最后是京东，它们手握 10 倍于当当的资金挑战当当图书的行业地位，而我在图书电商领域始终立于不败之地，这中间的过程可以说是外行看热闹，内行看门道。

因为我在与互联网巨头的竞争中活了下来，于是投资界、电商界谬赞我是以小博大、四两拨千斤的经营大师，其间数以千计的创业者找我咨询经营管理问题，想拜我为师。基于很多创业者有这方面的诉求，离开当当后，我应邀举办了三期私塾课，学员普遍反馈收获很大。很多学员感慨，如果早听我的话，他们可以少踩几个坑。我不认为这是对我的恭维，因为我踩过的坑很多都是创业者遇到的普遍性问题，而我在当当的这些前车之鉴，往往是年轻创业者、投资人、管理者所疏忽的，他们能感受到其中的辛酸。

创业 20 多年，我每天都在反思，有时候甚至在梦中惊醒，那些战略失误或管理失当让我后悔不已，这些教训的价值起码在亿元以上。过去这些年，我看到很多创业者、管理者还在犯我犯过的错误，令我揪心。

在众多企业家和创业者的鼓励下，我下决心写本书，以帮助更多的创业者、高管少走弯路。为此我从过去 30 多年读过的上千本管理书中精选出 100 部提炼其中精华，又忍痛把创业 20 年的得失反复梳理出来，还走访了许多互联网公司创始人、高管，记录下他们这些年的成与败，终于完成本书。

很多创业者都有过合伙人互相伤害的经历，于是我在这本书里详细探讨了合伙的“技术”。另外，有许多成功的创业者在与资本共舞中遍体鳞伤，于是我也写下了我和资本博弈的一些心得。投资人既不是天使也不是魔鬼，如何与投资人博弈成了当下创业者们都关心的一个问题。如何让有雄心的创业团队和有雄心的资本构建和谐的关系？这已不是 MBA 课堂能教会的。书中列举的“坑”，是企业核心团队必须避开的，创业者只要踩中三个“坑”，企业一定陷入泥潭。

很少人有像马云、刘强东那样“开着飞机修飞机”的机遇，尤其在存量市场、低增长时代，创新商业模式是创业者极其稀缺的才干，本书认真探讨了商业模式的创新方法论。

时代变了，弹性工作制、4 天工作制与“996”形成鲜明对比，旧的团队激励和组织扩张的理念，正在被新的需求颠覆。知其然，知其所以然，是本书试图分享给创业者和企业高管的理念。学管理不仅是学管理工具，更是学管理理念和洞察力！

管理学其实就是管理理念、管理工具和人结合的学问。过去忽视人，忽视管理理念，管理工具也难以发挥作用，公司内部常常矛盾百出。比如公司是锐意变革还是稳定为先？企业发展和个人发展谁更优先？倡导家文化为何又末位淘汰制？追求个人绩效还是团队绩效？领导者应该权力下放还是独断专行？胡萝卜加大棒为何抑制颠覆式创新？想知道这些问题的答案，那就必须知道管理理念、管理工具与人结合的底层逻辑。至于考核员工的 KPI、OKR、平衡计分卡，只是管理学实践后的产物而已，了解了管理学与人的关系，你很快就能理解这些概念背后的意义了。

在不同的年代、国家和企业发展阶段，企业会用到不同的管理工具。

希望我这部滴血的创业史能给读者带来启发，也诚恳期待创业者、高管们与我探讨。

李国庆

2024 年 3 月 29 日

李国庆创业人生和商业逻辑

·目录·

第一部分　回望：创业是一种生活方式

·第一部分·

回望：创业是一种生活方式

创业是一种生活方式的选择，既然是选择就要接受商业标准的衡量。在这个充满机遇和挑战的时代，越来越多的人选择摆脱传统的就业方式，踏入创业的征途。然而，创业并非是一蹴而就的过程，而是一个需要不懈努力和坚持的过程。在这个过程中，创业者不仅仅是为了赚钱，更多的是实现他们的某种精神诉求。

既然创业是一种生活方式的选择，这意味着创业者将面临全新的人生体验。相较于传统的工作方式，创业注定是一场冒险，是对未知领域的探索。在这个过程中，创业者需要不断学习、适应，不断提升自己的能力和智慧。

而商业标准就如同一座明亮的灯塔，指引着创业者前行。无论是市场调研、财务规划还是团队管理，都需要按照商业标准来进行，以确保创业者能够在激烈的市场竞争中保持竞争力。

商业标准是创业成功的关键。我们经常听人说，创业九死一生。

的确，在创业的道路上，有太多不确定因素，一个不小心很可能让多年的辛劳付之东流。创业者需要了解市场需求，把握行业趋势，制订合理的商业计划。商业标准不仅仅是一套约束，更是一种保障，通过遵循商业标准，创业者可以降低风险，提高成功的可能性。

在一个复杂多变的商业环境中，创业者需要具备丰富的经验和专业知识。只有熟悉并遵循商业标准，创业者才能更好地应对市场的挑战，更好地推动企业的发展。商业标准是创业者展现自己综合素质的窗口，也是他们与其他竞争者区分的关键。在创业的过程中，创业者要践行理性，不人云亦云，要独立思考，并剖析自我。

总的来说，我们选择了一种生活方式，就是选择了一种规则。在创业这个领域，商业标准便是这样的规则。只有熟悉它、掌握它，我们创业成功的概率才能大一点点。

年轻人，无论创业还是干别的，都要有自己的想法，按照自己的想法去实践，越早越好。年轻人没有任何想法，有无成就都不是最重要的，最重要的是他们肯定不会感到幸福。

第一章

即使创业维艰，也要影响世界

第一节　书生下海，从负债累累到扭亏为盈

外人一直觉得我创业顺风顺水，其实那是我一贯的乐观给人留下的印象。论创业，我可是老兵，曾高歌猛进，也曾九死一生。

1986 年，我在北大读大三，对知识极度饥渴。我积极从国外寻找图书，让人翻译后给出版社，我以此赚取些策划费。此外，我还专门组织专家、学者编选图书，可有的出版社不给策划费（当时是图书销售额的 4%），或者拿他们的库存书当作给我们的报酬。为了给编委、译者、校订者按时发稿费，我只好四处推销图书。

后来我干脆与人合作搞出版，我成了投资人。我曾主编一套《你我他》丛书（共 6 册）。这套书竟然让我拿到了某书商的 20 万

套包销合同，对方还承诺预付 5% 的定金。我和合伙人高兴坏了，因为三个月后交货，我们即可净赚 64 万元，这些钱能买两辆奔驰轿车。

然而首次创业怎么可能这么顺利！

我们想着保守一些，先印制 10 万套，每套 6 册，即 60 万册书。可是，这些书交到承包书商手里后，对方却只付了 1.5 万套书的货款，剩下的书因滞销，对方不要了。

面对此景，合伙人不干了，还让我赔偿他一年的机会成本 8 万元（因为此前两年他自己干每年能赚 8 万元）。我当然不同意，他就从库房按相应的成本拉走 8 万元书。我当时负债经营，几番下来，我最后欠印刷厂、造纸厂、装订厂的钱合计 150 万元。

我当时不知道 150 万元是什么概念，所以也没恐惧。可这时几个书商听说后劝我赶紧远走高飞。可我深知去美国后，那些跟我合作的出版社的几个中层干部就惨了，十多个印刷厂会找他们要账。同时，我也不服输，心想全国这么多人，难道还找不到需要培育健康心理、塑造优秀人格的几十万名读者吗？

后来我就跟新华书店总店的两位科长和他们的部下说了我的事，他们被我的故事感染，积极征订推荐我的书，并销售了 3 万套书，可还是没收回成本，而且应收款[1]账期长达四个月，导致我没有钱付给印刷厂。当时印刷厂的人为了催款都住在我父母家楼下的招待所，逢年过节我就请他们来家里坐坐。我父母为此还把家里

[1] 应收款：指企业与其他单位或个人交易时应该收到而暂未收到的钱。

的三居室腾出来给我办公，并把家里的全部存款 5000 元给了我。

更令我感动的是，我的导师、中国社会科学院社会学研究所的李庆善教授听闻我身陷困境，挺身而出，代我向河北印染厂的花厂长借了 10 万元。

那时我还借住在北大宿舍，很多人知道我欠了 150 万元债务。老师、同学们都投来爱莫能助的目光，一度我去北大食堂打饭，食堂经理都不收我饭票；我向北大车队租车，车队也不收我车费；北大学弟为我的书写书评也只收很低的稿费。对于这些善良的师长、同学，我心里充满了感恩。

我去上海新华书店推销书，为了三天的进门堆头展卖，我请他们那里的人吃饭，从业务员到科长，从楼层长到总经理，我都请了一遍，最后身上一分钱都没有了。在回北京的火车上，我竟拿不出 1 元的盒饭钱，只好拿出一套书给送餐员请换一盒饭。我还特意翻开书的扉页，指着上面的主编名字“李国庆”，和我的工作证进行对比。最后送餐员给了我两盒饭，对此我很感恩，否则我恐怕连回去的 24 小时车程都坚持不下来。

节流不是办法，得开源。当时的团中央宣传部副部长张黎群老先生拿着我这套书，激动地对我说：“中国多一套这样的书，就可以少一座监狱！”我备受鼓舞，决定邀请国务院农研中心[1]（我的单位）、全国总工会、全国妇联等单位联合成立阅读指导委员会，开

[1] 国务院农研中心：全名为国务院农村发展研究中心，是中华人民共和国农业农村部农村经济研究中心的前身。

办读书大赛。感谢当时光明日报社的韩总慧眼识书、识人，赞助了大赛的开办费。

因为读书大赛，很多人看到了我的书，使得图书销量猛增，终于历时一年，扭亏为盈，而我也由此正式进入了出版业。台湾商人有句话说："要想让谁破产，就让他搞出版。"所以，我踏入出版业，显然是爱好驱动，加上也不需要太多资金，我就这样入了行。创办当当前，我已从事出版工作十年之久。这十年的出版生涯，宛如一本书，每一页都承载着我年轻时的激情。然而，这一路并非一帆风顺。不过，在一次旅行后，我的命运悄然开始变化。当然，这都是后话。

第二节　正式创业，热血青年的摸爬滚打

1992 年，我正式辞职进入出版业，当时我没有多少钱，也没有找风险投资这个概念，就租个大院地下室工作。当时我不懂什么是企业战略，无论什么类型的书都做，从教辅到传记，再到童书、医学书……

直到后来我才知道，出版也有很多类别之分。做文学出版和教辅出版是不一样的，就如同物理学家和音乐家之间的区别。

20 世纪 90 年代有两大"热"——下海经商热和出国留学热。很多北大同学在政府或央企工作，他们来到地下室看我创业，觉得

我在浪费青春。后来我们搬到地上，管理团队有退休的老社长、老总编，还有忙着出国留学的青年学者。几年下来，每年都有几套比较畅销的图书，但规模总是无法复制、扩大，我又不懂渠道管理。每年虽说有 100 多万元的利润，但现金流仍然十分紧张，以至于当时的初恋女友都觉得我是“在垃圾上跳舞”。甚至还有人说，出版行业那么点利润，就是老鼠尾巴生疮——有脓也不多。

1995 年，我带着对创业前景的迷茫，只身去了美国。

当时，美国哈佛大学的费正清中国研究中心邀请我访问。因为只有办公室没有经费，我就住在费正清中国研究中心的教授凯特家里，在她家的沙发上住了半个月。其间，我经常跑去纽约的兰登书屋等各大出版社，试图购买一些外版书的中国版权。但由于通过教授推荐的多是出版社编辑，他们根本不管版权买卖这一块，于是作罢。我记得和兰登书屋的总编一起吃午餐，他竟对中国一无所知。不过我对美国也不了解。有一天，凯特提醒我在纽约不要住在某某区，那里毒品交易活跃，危险，而我当时住的 30 美元一天的旅馆正好就在这个街区。经她提醒，我赶紧搬到一个朋友家，虽然睡地板，但总算安全。

这个朋友也是刚毕业，在华尔街工作，他多次举办聚会，请我和华尔街的中国人分享在北京创业的故事。望着这些年薪 15 万 ~30 万美元的同龄人，我很汗颜，可这位朋友每次介绍我时都说我是来自北京的“小企业主”，就更加让我感到不自在了。于是我跟他说，可别说我是小企业主，我就想找个美国大公司的中国首席代表干干！

这个朋友赶紧说，我们这些高级打工仔很羡慕白手起家的人。他为此还带我去当时美国第三富豪的家中参加派对。

在这里，我这个北京“土老冒儿”闹出了不少笑话。他给我介绍所罗门兄弟公司的 CEO（首席执行官）时，我用蹩脚的英文问：“你们兄弟俩做什么的？”等介绍到 NBC[1] 总裁时，我还以为对方是篮球运动员。不过我倒是和派对的主人很谈得来。派对的主人是个 82 岁的老人，两个多小时的聚会，他全程站着聊天。他对我说，在北京创业，比做跨国公司的首席代表前途好多了，亨利 · 福特在创办汽车公司时已经 40 岁了，你这么年轻，一定会有很大的发展！未来几十年，中国一定会变得很伟大！我听得热血沸腾，回到朋友家，就答应朋友抓紧见见他介绍的那位出版基金的投资人。

首次谈融资，顺利得超乎我的想象。我这位朋友不愧是大投行精英，为了让我的公司估值高，他先安排我们去大都会博物馆看中国展，让投资人感受中国的巨大前景。最终，我们以公司年利润 20 倍的估值获得 100 万美元投资，出让 30% 的股份。那时国内还不懂估值，我在想我是不是欺骗了人家。

后来，对方不仅签了意向书，还给我 5% 的定金，事后半年，投资人派四拨人来北京做尽职调查，还因为行业限制而做了 VIE 结构[2]，最终投资还是到位了。

---

[1] NBC：全名 National Broadcasting Company，美国全国广播公司。

[2] VIE 结构：是指境外上市实体在境内设立全资子公司，该全资子公司通过协议控制境内运营实体的业务和财务，这样做的目的是为了让境内实体在境外上市。

投资人不仅带来了钱，还带来了管理章法。我们每年在境外举行一次有同声传译的战略会议，邀请英国最大出版公司的总裁参加；还从美国挖来了最大医学出版公司的总裁，当然薪水不需要创业公司支付。

后来，我们引进了 MBA 教材，因为当时市场空白，这套教材卖得非常好，我们公司由此一举成为国内最大的出版管理类图书的民营公司。然而由于我当时不懂企业战略，什么都想做，结果在中小学教辅上遭遇滑铁卢，加上我们又错误地进入医学出版领域，使得战线越拉越长，管理团队在企业的发展上也产生了严重分歧。三年后，公司开始亏损，现金流告急，最终，这次创业以失败收场。

第三节　曙光初现，网上书店带来的新机遇

其实，1995 年去美国，我不仅带回了投资，还有一个重要发现。在一位中国留学生的介绍下，我关注到了一个叫“Yahoo！Store”[1]（雅虎商店）的网上书店，也关注了刚刚创立的亚马逊网上书店。我在从事出版行业的十年里，尝试过各种方式卖书，从大赛卖书到书友会再到书店，都以失败告终。而这个重要发现，让我看

[1] Yahoo！ Store：在 1995 年被称为 Viaweb，直到 1998 年才被雅虎收购并改名为 Yahoo！ Store，作者为了方便读者理解，故直接采用了更广为人知的 Yahoo！ Store。

到了新的机遇。因为网上书店巨大的成本优势和读者购书的便利性令我非常着迷。只是那时候中国网民数量还不多，而且网速很慢，看个封面都要花 10 分钟时间，所以网上书店这件事暂时还得放一放。

1996 年，我拜访了占美国图书市场份额 13% 的巴诺书店的副董事长和 CFO（首席财务官），希望合资在中国办实体书店，他们的回答让我懂得专注的重要性。他们说："就连英国、加拿大这些英语国家，我们都不会在那里开书店，更何况中国了，因为我们只了解美国读者。"

面对国内新华书店强大的成本优势，我曾奉劝民营出版同行千万别开办超过 1000 平方米的书店，否则一定赔钱。

只有小于 1000 平方米的独立书店才能办出特色，但这类书店又不具备连锁复制的价值，对我的诱惑力不大，于是我和俞渝就开始分析当时图书市场的形势。我们发现，虽然现阶段模仿亚马逊网上书店的模式不现实，但是对图书进行数字化管理肯定是大趋势。这样的话，为出版社提供数据服务也许是机会。

说来也非常凑巧，创业项目有了，正当我们在想从哪儿融资的时候，机会自己就来了。

还是 1996 年，哈佛大学费正清中国研究中心的凯特教授来到北京。她对我说："1988 年，你去哈佛大学参加论坛时的翻译熊晓鸽现在在中国做 IDG（国际数据集团）风险投资了，你们应该见面聊聊。"

老友相见，分外亲切，熊晓鸽听了我的创业想法后，立即拉上在 IDG 共事的周全，决定投资成立可供书目数据公司。于是，我们成立了一家新公司，每周从出版社收集库房内可供图书的新书目，然后把新书目制作成 CD-R（光盘刻录片）卖给书店和图书馆采购人员。这家新公司的投资不大，也就 400 万元人民币，当时我负责出版业务，聘请北大刚毕业的李斌[1]出任总经理。为了拓展业务，我还和李斌在外资股东的安排下拜访了美国、英国、波兰的出版同行。

公司的可供书目数据业务虽然得到了出版业人士的一致看好，但出版社提供数据的积极性不高，更难的是，书店和图书馆的购买欲望不是很强烈。

虽然可供书目数据公司经营状况不佳，但我们因此认识了 IDG 的老板麦戈文夫妇，他们作为中国市场早期的天使投资人，对创业者给予教诲而不命令，给予引导而不强求，这一点令我很感激。

在 1997 年底的董事会上，我说，也许五年后，中国的网民会过千万，我们应该做网上书店。这一点，詹姆斯[2]和麦戈文都很赞同。

其实我说这话时还是有些心虚的，毕竟当时的出版公司和数据公司都半死不活。所以，IDG 的周全在听我这么说了三次后，依然没有选择投资我们。

虽然我那个时候开设网上书店的念头还不够强烈，但是这个念

[1] 李斌：后来成为易车网、蔚来创始人。

[2] 詹姆斯：李国庆早年创业的天使投资人。

头已经若隐若现，日益清晰地浮现在我眼前。一个重大的历史性机遇就要到来。

第四节　高光时刻，纽交所敲钟

从创办公司到证券交易所敲钟，就像毕业戴博士帽一样，是每个创业者的梦想。

2010 年 12 月 8 日，当当成功在美国纽约证券交易所上市。投资人大功告成，摆庆功宴、为高管包机考察美国沃尔玛库房等一切费用均由不同的投资人支付，就连患重感冒的我，都被投资人照顾得无微不至。

敲钟是美国两大证券交易所新股票上市发行前的开盘仪式。见证荣耀的时刻，我手举木槌，激动地用中文问纽交所主席我可不可以敲两下。因为当当正好是两个“当”，纽交所主席似懂非懂地点头，于是我就破例敲了两下。

当天，第五大道纽交所大楼前飘扬着中国国旗和当当的商标标识，我激动地与它们合影，像奥运冠军接受颁奖一样。

并不是所有公司上市都会取得成功，但当当的上市是成功的，当当高估值上市，有 10 亿多美元市值，这是当时当当年销售额的 10 倍，利润的 500 倍。别看现在新公司上市估值动不动几百亿、上千亿美元，在那个时候，公司上市有 10 亿美元市值是一件很了不起的事。况且不是每个上市公司都能高估值上市的，有些公司迫于投资人压力、资金匮乏，或被投行设套而流血（低估值）上市，这样的例子比比皆是。谈到当当上市成功，还有一点就是当当上市前路演[1]的认购非常成功，在香港、新加坡，认购额就是当当销售额的 20 倍了。在美国几地路演，盛况空前，用德意志银行 MD（高级副总裁）的话说就是，让他想起当年微软的路演盛况。

当当上市后，我们的股份被稀释了 20%，但我们仍持有 32% 的股份，在实际控制公司所需持股比例之上，这也算是又一成功的标志，因此我们还是掌握了对公司的控制权。

当当上市募资 3 亿美元，这在那个年代可是个大数字。以至当时一批风险投资基金老大都说："我们风投规模才几亿美元，你们一个公司就募资 3 亿美元。"

更值得自豪的是，当当是中国电商第一家赴美上市的公司，如果不是我坚持不将当当以 1.5 亿 ~2 亿美元的价格卖给美国亚马逊公司，就没有 2010 年当当上市的事了。

[1] 路演：指在发行股票前针对机构投资者发起的推介活动。

第二章

洞察风口，坚守初心

一个企业要想成功，不仅要有明确的战略方向和清晰的商业模式，还要有强大的执行力。

第一节　机会留给有准备的人：当当横空出世

1999 年 4 月的一天，IDG 的周全来我公司，他笑眯眯地看着我说："看来干哪行都有发横财的机会。"随后又说："你知道美国亚马逊网上书店吗？"我立即画出网上书店成本结构表给他看。他看后毫不犹豫地说让我立刻开始干。我对他说现在中国网民规模才 800 万人，还不到 1000 万人，还是明年开始干吧。他说来不及了，先干起来。周全当场决定他们 IDG 出 300 万美元，再拉软银[1]出 200 万美元。第二周，我们原出版公司的美国股东詹姆斯也跟投了这个项目。此前，他们三家在出版数据服务公司上投了 80 万美元，而且没签合同就先打了一半的款，因为当时互联网流行快鱼吃慢鱼，时间对于抢占市场份额至关重要。一项新技术，一个新的商业模式的落地，哪怕你项目起步只落后几个月，也许竞争对手就已经占领了市场。

就这样，我们开始干起来了。11 月 9 日，网站开通。第一张订单来自四川蓬溪县的一位读者，我还清楚地记得这位读者当时是邮局汇款给我们，我的电商生涯就此拉开序幕。那么，我是怎么说动投资人投资我的呢？简单说就是：我做了非常详细的成本分析。

第一，实体书店的门店成本占销售额的 15%，而网上书店只有仓库成本，也就占销售额的 1.5%。

第二，获客成本 25 元，每个顾客年贡献 100 元，当当 25% 的毛利率正好覆盖获客成本；次年老客回头率占 50%。

第三，人头开支。传统超市、书店的人头开支占 6%，其中 3% 是非物流客服的总部业务，而这一项网上书店随着规模扩大可以降到 1.5%。

第四，网上书店的送货成本用运费收入可覆盖（当时设计 99 元以上包邮，不足 99 元收运费 5 元）。

然后我又分析了我们的销售额增长速度和盈利预期计划。前八

[1] 软银：全名软银股份有限公司，是由日本企业家孙正义创立的一家风险投资公司。

年年增速在 300%~600% 之间，第九年盈利。如果降低销售额增速，第六年就可以盈利，第九年就能上市。

结果当当前十年各项指标都按计划达到了，但上市时间从第九年推迟到了第十年。

如前所述，网上书店的新机遇其实之前就已经在我的脑海里浮现，但是任何机遇都只留给有准备的人。之前在出版业的经验和积累，让我做好了迎接电商时代的准备。

第二节　春天刚来冬天就到：互联网变天

创业十年，我第一次赶上这么大的赛道，第一次拿到这么多投资，当然要组建豪华管理团队，我叫它“梦之队”。

这个梦之队成员有来自微软（中国）的市场总监，有来自贝塔斯曼的技术大拿，有来自北京知名书店的创办人，还有来自我原出版公司的创业合伙人，以及来自英特尔的人力资源总监等。我们学会了使用“金手铐”，就是给团队期权以增加团队的凝聚力。新团队虽有文化冲突，但有梦想激励，大家干劲冲天，业绩也跟着突飞猛进。

然而花无百日红，人无千日好。2000 年，美国对互联网一片唱衰，认为互联网是骗局。

在 2001 年初，中国一些媒体甚至通过整版报道对网上书店进行了批评，声称这些网上书店质量良莠不齐。在此之前，数十家网上商城正在激烈竞争，其中十多家已经成功获得了大笔投资。然而，2001 年投资环境突然发生变化，风险投资机构纷纷改变态度，不再投资 B2C（企业直接面对消费者的电子商务模式）。这导致互联网行业瞬间陷入了资本寒冬期。在资本寒冬中，最先倒下的必然是那些资金需求量较大的电子商务企业。

在 2001 年的 1 至 3 月，这支豪华梦之队的高管们纷纷辞职，寻找新的机会。事实上，如果公司没有前景，无法上市，期权就毫无价值，等同于废纸。

对我来说，这次经历真是冰火两重天。回想一年前，电商网站在资本市场备受追捧，我们刚拿到投资时，某投资人来公司质问我："你们当当的市场声音太小了，你看 8848 网上商城（1999 年王峻涛创办的电子商务网站）都冠名浦东足球队了，你那 680 万美元务必半年花光！同时启动第二轮融资，估值从几百万提升到几千万美元！"

而现在，豪华团队已经解散，资本也消失得无影无踪。这让我想起几句诗来：商人重利轻别离，前月浮梁买茶去。去来江口守空船，绕船月明江水寒。

回到家，我心情黯然，幸好还有 3 岁的儿子给我带来一些慰藉。

躺在床上，我做了一次详细的财务核算。我们只花了 200 万美元，而账户中仍然有 480 万美元的余额。与此同时，公司年销售额已经超过 5000 万元。获客成本和履约费用都在商业计划书中考虑过，那么亏损主要是人力成本偏高导致的。尽管资本面临着严冬，但市场却正值春天，况且那十多家两年烧掉 2000 万美元的公司都会退出图书市场，这给了我更多的信心。

资本漫天雪，冻死苍蝇未足奇。此前还有投资人派顾问来中国考察，考察完后直言，别说网上支付，中国就连信用卡使用率都不足 10%，在中国开网上书店没戏！

而我带着老班底很快就让当当实现了年销售额 3.5 亿元的目标，超过国内第一大实体书店——西单图书大厦。为此，我们还创办了货到付款业务，免去顾客邮局汇款的麻烦。没做这项业务之前，大家很害怕退货率，而我坚持和一批送报纸的快递公司合作，结果快递员很容易做好收款，顾客的拒收率仅有不到 2%（只有深圳是 4%）。

实现 3.5 亿元的年销售目标，亏损仅仅是销售额的 3%，剩下的 480 万美元还够花一年半，我们想，也该在“冬天”寻求融资了，或者不融资至少也要追求公司收支持平，但此时我们与卓越网的竞争压力太大，如果为了盈利，就会牺牲当当销售额的增速，被卓越网超越。思来想去，我们还是决定融资。

第三节　不懂融资就会吃亏：干股之争

也许是当当从“严冬”中挺过来了，我有些自鸣得意，稍有喘息，就想到自己和团队的利益。我突然发现，我和团队的干股总共才占比 25%。我占的其他股份还是当初投资出版数据服务公司所获。而对比 IDG 同时投资的其他人，他们有些没出钱，就有 50% 以上的干股。我紧急约周全吃晚饭，席间我抱怨道："你投资前教导我，天使投资就如同婚姻，可你明知你投的其他互联网公司创始人要的干股是我的两三倍，你咋不告诉我呢？

周全脸唰一下就红了，难为情地说："我不能教你和我谈判啊！"

我说："那可否补救，出台今后四年业绩奖励计划，就是大家都稀释 25%，你定个四年业绩目标。"

周全说，这个可以。

事后有人提醒我，过去的账不能和今后挂钩。第二天，我越来越觉得这句话是对的，这届股东应该现在退出 25% 股份。于是我就给三位股东发邮件，声明如果我的诉求得不到满足，我就辞职，而且因我与当当没签竞业禁止协议，辞职后我会融资 5000 万元人民币，再干个叮叮网，但我承诺一年内不会从当当挖人，祝当当好运。

此邮件引起轩然大波。次日晚周全和另一位 IDG 合伙人王功权约我吃饭，饭后，王功权拍着我的胳膊说："别做'人体炸弹'。"我反驳道："我不是'自杀式袭击'，也许叮叮和当当能够比翼双飞。"周全一再说，当初合同约定，不能闹"革命"，否则我们投的 100 多个公司都闹了。随后，王功权上厕所时笑着和我说，你以辞职为由和股东谈判符合美国规则。

第四节　迎来“老虎”，留下后患

正当股权之争一筹莫展时，当当客服转来一个电话，说是老虎基金负责人斯科特要来公司见我，谈投资。客服经理觉得他像是个骗子。我立即拿过电话，当天将其约到办公室。见面才知道，老虎基金是个对冲基金公司，主做二级市场。所谓对冲基金，简单说就是同时投一个赛道内几家公司的金融机构。这里要提一点的是，以往的投资合同都约束股东不能投与本公司存在竞争关系的公司。

斯科特很直接，上来就说要投资 2000 万美元，问我要多少估值。我说 1 亿美元估值，他说 OK。第二天我们与老虎基金斯科特等人会谈，过程出奇顺利，四十分钟谈定估值和入资时间。双方都站起来要结束会谈，我立即发言，讲述目前的股权纷争，要求此轮老虎基金向老股东提出稀释股权的要求。两分钟后，斯科特说晚上咱们和三位老股东开电话会议。我只能同意。

回到家，我准备参加晚上 11 点的电话会议。我猜可能是一场争吵会，于是我在卧室等结果。

股东电话会议开始后，斯科特说：“我是这轮融资的投资人，1 亿美元估值，投 2000 万美元。你们在我们投资之前稀释 25% 的股权给李国庆，不然我就不投当当，我会把李国庆拉出来另干一个叮叮网，到时候当当网就没了。”说完他就把电话挂了，三位股东都很诧异——今天的美国年轻人怎么这么无礼！

但老股东们还是被吓住了，他们三人讨价还价看谁能多吐一些出来。十分感谢僵局中日本软银的哥特先生愿意多稀释自己的股份来促成此轮融资和满足创始人的要求！

干股之争就这么幸运地化解了。可以说是我的坦诚和“傻”让新老股东成全了我，我始终相信真诚是必杀技，善良也是一种力量，正是这两点让我顺利地实现了我的诉求。但是后患也来了，我们没能让老虎基金接受不投竞争对手的条件（他们事后投资了卓越网、京东）。为了商业机密，我坚持不给老虎基金董事会席位。上市前，老虎基金的人每年来中国看项目，到处抱怨他们占当当 20% 的股份，但都不让他们进董事会，还从来不见面。可是我们的业绩当时真的很好。

第三章

群雄逐鹿，我自岿然

那时候，不仅是当当、京东、卓越网、淘宝在“开战”，后面还有“百团大战”。

群雄逐鹿，刺刀见红，当当怎么办？优秀的创业者面对竞争对手有 10 倍以内的资金优势，也照样可以保有市场份额。而如果对手有超过己方 10 倍的资金优势就不要苦撑了，趁早谈合并。

第一节　烧香引鬼：亚马逊虎视眈眈

2000 年到 2002 年，几十家电商网站销售乏力，资金不足，有的改行做 B2B 业务（企业对企业的电子商务模式），有的关门大吉。只剩下当当、卓越网和 8848 等少数电商网站还在继续发展。

后来 8848 的网上百货业务遇冷。京东的 3C（计算机、通信、消费电子产品）正在投入大量资金扩张，虽然没有盈利但流量增速很快。当当和卓越网因为只做图书业务，亏损有限，而且当时图书标准化强，更适合网上销售。同时美国 eBay（易贝网）正在和淘宝进行激烈的竞争，失血也不少。

此时，当当和卓越网的竞争异常激烈。卓越网的陈年以每年 2000 种精品书和充满小资情调的页面向当当发起竞争，主攻当当的年轻群体，销售额曾一度占到当当总销售额的 70%。而卓越网不仅有雷军、联想的投资，同时也获得了老虎基金的投资，但后来卓越网的亏损要比当当严重多了，当当通过长尾获利，已经接近收支平衡。

2003 年，世界知名杂志《经济学人》报道，中国电商用骑自行车的快递员送货上门收款，支撑中国电商发展。文章用很大的篇幅列举当当的例子。

在美国做投资的朋友把这期杂志放到当时的亚马逊 CEO 贝索斯的桌上，希望促成亚马逊投资当当网的美事，而这一举动的确让贝索斯把他投资中国的战略提前了两年。

2004 年，贝索斯派副总带队来中国考察，和当当、卓越网洽谈。亚马逊一行人很直接，开价 1.5 亿美元，收购当当网 70% 到 100% 的股份，这可是相当于我们销售额的 5 倍，而且是给我们套现。同时，亚马逊还说："如果你们不卖，我们就买卓越网，然后我们和你打价格战，到那时，你们不仅会丢掉当当，就连你们的日子也都会很难过！"

按当时我的占股比例，我完全可以把股份套现去享受生活，或者去做慈善和投资。但我不同意出售，我对其他股东说：

第一，虽然互联网是平台，但中国出版的上游有一半是国企，另一半是民营企业，关系对生意很重要。在中国出版界，连卓越网都被当作“门口的野蛮人”，更何况亚马逊。

第二，毕竟咱们这里是卖中文书，我更懂中国读者。如果我们是英语国家，我投降。

第三，跨国公司在中国零售市场都没占到便宜，终将以亏损退出。因为它们水土不服！

第四，给我五年时间，我可以把公司带上市；给我三年时间，我能把当当卖出 6 亿美元，而且还是卖给亚马逊。

其他几位董事被我说服了，分别和我击掌说：“我信你。”值得体味的是，就连既是当当股东又是卓越网股东的老虎基金也认为当当不该卖！

而互联网界的朋友们都劝我们卖掉，的确，当时价值 5 亿美元的大门户网站股票价格一落千丈，股价从 18 美元跌到了 1 美元。

美国几个资本圈的朋友也为我捏把汗，他们提醒我，亚马逊财大气粗，而且还像蛇一样狡猾。亚马逊四处扩张，几乎一年时间就可以将当地电商打败，跃居市场第一。

亚马逊对中国市场志在必得，他们让我好好想想卖不卖掉当当。当卓越网以 7500 万美元卖给亚马逊后，我们迎来了一场恶战。

第二节　和跨国巨头一战

正如我 2005 年接受《中国青年报》采访时预料，果然卓越网被亚马逊收购的头两年，人员大换血，物流、商业模式大切换。他们放弃了精品选品策略后，当当迅速把它甩出一条街，它的销售额从以往占当当的 70% 锐减到仅占当当的 50%。

我深耕当当选品，组建单独的编辑部，把卓越优势变为当当优势，使 2000 种精品书占据销售额的一半，用流量换取毛利率的增加。进入 2007 年后，亚马逊缓了过来，开始打价格战，如何应对他们的价格战呢？如何应对他们的相关推荐优势呢？

我立刻翻阅了我当时出版的《战略管理》一书，面对试图用价格战清空市场、打败同行后再提价的竞争对手，书上给的建议是：第一，作为老大不挑事，但要坚决还击；第二，利用法律和协会的力量。

当时价格战真是到了空前惨烈的地步，亚马逊每晚从当当网利用爬虫技术选出 10 万种图书，然后让每本书的价格比当当低 1 元、1 毛或者 10%。我下令当当反击。此后，每批书经过双方一个月的比较调价后，价格从七五折降到六五折，甚至五折。我在各种会议中披露此情形，国内民营书店率先被震惊到，出版社也是一片哗然。我借此告诫出版社亚马逊的野心，同时我积极奔走中国出版协会、中国书刊发行业协会等相关部门，用《反不正当竞争法》要求出版社对不正当竞争的网站断货。

半年下来，初见成效。其实，只要亚马逊不低于进价销售，当当稳赢，因为多年来我带领采购团队和出版社一起制定批量折扣法，这样亚马逊按进货价销售的话，毛利为零，而我们还有 15% 的毛利率。

亚马逊对此气急败坏，而他们的采购团队又是打工人的心态，在业务沟通的时候频频挂断出版社管理层的电话，这在人情社会犯了大忌。我在当当反复叮嘱，在与国有企业或民营企业的老板谈判时，一定要态度坚决，语气和缓，拿出乙方心态，并且积极和对方搞好关系。

而对维护行业秩序、敢于处罚亚马逊的出版社，我和他们达成战略合作。这些出版社不直接供货给亚马逊，让亚马逊从批发市场拿货，这样他们的进货成本更高，还无法第一时间到货，甚至有些批发商还无法满足他们的补货订单。

跟我们达成战略合作的出版社，当当给流量和选品倾斜，这些伙伴长年占当当销售额的 30%，当当由此构建了很深的供应链护城河。

从此亚马逊每两年换一任中国总裁，而且每年都会搞一次“畅销 TOP100”的活动，五折售卖（这些书他们进货成本多在五八折），而我们运用上述做法常使得他们的图书一上线就面临断货。

本来算法是美国亚马逊的优势，但由于他们过去走精品（少品种）模式，因而销售记录太少，算法优势无法发挥出作用。2008

年，当当也紧急组建了算法团队，从美国 eBay 和阿里淘宝挖人，加上当当有强大的 60 万种图书的销售记录，因而当当的相关推荐栏目紧盯美国亚马逊的算法策略，并且越做越好，CTR（点击通过率）一度达到了 12%，占销售额的 16%，以至于亚马逊总部误以为他们的信息泄露了。我经常开玩笑说："亚马逊中国的总裁是王汉华，可当当破解亚马逊总部的策略比王汉华快！"

与亚马逊大战几年，多数人还是感到很恐惧的。而我通过分析亚马逊的财报和亚马逊中国的高管与他们美国的高管会谈发现，虽然贝索斯经常口出狂言，要不惜一切代价"打死"当当，但亚马逊的文化是精细主义，所以，贝索斯放狠话后，对于亚马逊中国赔多少钱、带来多少销售额这些细节，总部的业务高级副总和 CFO 会问得很细。也就是说，他们说的不惜一切代价只是烟幕弹罢了。看到此点，我知道当当能打赢这场战争。

当时 DCM 基金的鲁比认可我的分析，甚至和我互拍大腿，按 3 亿美元估值，投资当当 3000 万美元。我也就此兑现了我不卖当当时的诺言。不同的是，上市的时候我们的市值达到了 10 亿美元。

这时，亚马逊中国巨亏，而当当年亏损额只是销售额的 5%。有了新融资，我又趁亚马逊中国提高包邮门槛时下调包邮门槛。这一战就使得亚马逊中国从当当销售额的 60% 下降到当当销售额的 50%。直到十年后亚马逊宣布退出中国市场时，它的销售额只剩当当的 25%。

可以说，精品严选、供应链深度、个性化算法及利用法律和协会的力量这四板斧为当当在市场竞争中保持优势做好了保驾护航。

第三节　鏖战京东，错过腾讯

2009 年 10 月，当当路演开始，这极大刺激了竞争对手，因为这意味着当当将成为中国第一家上市电商公司。为此，刘强东宣布组建图书事业部，并对图书事业部放“狠话”，如果他们三年内给公司赚了一分钱的毛利或者五年内赚了一分钱的净利，都会把他们整个部门人员全部开除！确实，京东图书做到现在已经十多年了，也还没有盈利，而当当已经连续五年年利润近 6 亿元。

京东在图书上血拼这一做法，现在来看，打乱了当当进军百货的节奏，同时也打乱了京东自身从 3C 进军百货的节奏，使得淘宝、天猫一枝独秀。

为了应对京东的竞争，我当时还游说国美、苏宁，希望他们拿出手机、电脑等弱势品类与京东开战，减少我的压力，结果国美、苏宁的老大们都认为京东用巨亏的方式扩大市场，不是一门好生意，早晚会倒闭。我没能说服他们，只好自己去组建手机、电脑业务，只要京东一发起图书价格战，我就发起手机、电脑价格战。

当当是上市公司，每季的季报一发布，投资基金都惊呼，当当每季亏损 1.5 亿人民币，看来电商不好干。但很多基金很激进，他们到处找创始团队，只要是做电商，就投 5000 万美元。当当以十年亏损 4200 万美元为代价换来了 10 亿 ~20 亿美元的市值。这些基金的算盘是，只要两年亏损 4200 万美元就赴美上市（我管这叫竭泽而渔）。因为投资基金疯狂地追逐电商风口，他们一年内投到中国电商市场的资金高达 40 亿 ~50 亿美元。在这股投资热潮的席卷下，电商竞争也日趋白热化。

当当上市第一年，亏损额高达 6 亿元人民币，上市融资 3 亿美元，已经失血差不多三分之一。董事会急了，觉得是我和刘强东在斗气。我说这不是斗气，是竞争。

那时候，不仅是当当、京东、卓越网、淘宝在开战，后面还有“百团大战”，群雄逐鹿。当当怎么办？当当誓死捍卫图书的决心已经让京东、卓越网强烈地感受到了，但代价过大，我早该通过媒体传达给对手。

后来，我开始思考差异化竞争，在图书业务遥遥领先的情况下，当当应该抓紧挑选百货中的首要目标品类，而不是各品类全开战。为此，当当决定把婴童用品作为百货的首要品类，其次是服装。我在当当内部战略宣讲次日，亚马逊、京东就把婴童用品作为百货的重要品类，我们又血战一团，“红孩子”母婴用品在这场大战中惨遭毁灭性打击。

2013 年，我问刘强东：“你们男性用户多，为何要选择婴童类做主攻？”老刘说：“大哥，品类你都琢磨透了，你们当当使劲儿卖婴童用品肯定就是对的，我们想都没想就干起来了。”我连忙叹气：“差异化竞争，就是该错位，当当把婴童作为重要门类，亚马逊该选护肤品，你的京东物流强大就该选食品啊。同时大家都一起抢淘宝的服装！如果这样，哪有后来的 1 号店（食品）、聚美优品

（护肤）和易迅网（手机电脑）。”

理论是灰色的，实践之树常青。在群雄逐鹿时，当当最该做的是收购垂直网站和再次融资！而我因一时逞强在微博上揭开投行的画皮，虽然为创业者把投行拉下神坛，但代价却是不愿再面对投行融资。

当当在百货上开发了复杂系统，采取精细化管理，百货技术招商，物流、客服人员保持在上千人。但面对巨大的价格战，各公司完全血拼，就看谁的融资能力强。

当时京东已经年销售额上千亿元，但那时候刘强东搞自建物流花了大量资金，又恰逢金融危机，找不到投资人投钱进来，亏损严重，刘强东一夜急白了头。

信他的投资人认为中国电商市场巨大，豪赌未来，而过去几轮没投京东的几个大的基金投资人幸灾乐祸，甚至感谢我说，多亏当时听你分析我才没投。我赶忙打断说：“等等，如果京东再融资 10 亿美元，它就能挺到上市，再募资 20 亿美元，京东就活过来了，而且会是一家了不起的公司。”

我甚至在微博上公开发声：“老刘，赶紧成立突击融资小组，别让电商一家独大啊！”

恰逢此时，俄罗斯资本巨鳄 DST（一家总部位于俄罗斯莫斯科的投资集团）投资京东 5 亿美元，刘强东的雄心和资本的雄心结合了，但从媒体上看，刘强东的目光依然充满焦虑。因为当时京东的业绩在投资人看来是远低于预期的，因为银行对京东的估值是 50 多亿美元，相比第三轮融资时 70 多亿美元的估值，缩水不少，上市启动难。

此时 BAT（百度、阿里巴巴和腾讯）竞争开始白热化，在这场“抱大腿”之争中，当当错失了很多机会。百度、腾讯觉得仅靠广告、游戏是有天花板的，能寻找的大赛道是电商。他们都投资电商，但早期投资显然时间太长，他们都对京东、当当等已经有用户规模的电商感兴趣。

2013 年，在国内知名投行 CEO 陈宏的安排下，我和马化腾会面谈了两个小时。会面后，马化腾和团队说：“李国庆是很讲理的人，不像你们说的那么不好相处啊！”

我通过此次会谈，对腾讯和马化腾的印象是良好的，觉得他们三观很正，很大气。

过了几天，马化腾和我打电话，讨论腾讯的流量支持。他说，只要他们能占当当 33% 的股份，腾讯的流量当当就可以免费用。我说：“占 25% 的股份可否？流量别免费啊，你家除了游戏就是广告收入，白给流量不合适，你就给我刊例价的三折以下。”马化腾当即同意。

第二周，腾讯投资团队来公司跟我会谈，希望他们投资当当后，把腾讯投资的易讯网（销售手机、电脑，年销售额 30 亿元，亏损 3 亿元）和好乐买（销售鞋，也是巨亏）一并纳入当当，我当即回复，这些公司价值不高，也不该放到当当上。加上当时腾讯元老之一的吴宵光一心要做自营电商，尤其不想出售他的“爱子”——易迅网，由此反对投资当当。于是，腾讯投资当当就此搁置。

现在回想，这显然是我创业生涯中的重大决策失误！当时腾讯还没有微信，QQ 的流量也比较一般，因而我们对待此次融资也不是很热情。我们完全忽视了腾讯布局电商的决心，果然，半年后腾讯转向京东，京东把腾讯投的几个垂直电商也都收下了。

原本京东上市遇挫，有了腾讯的加持后，京东上市市值一路从 50 亿美元上升到 300 亿美元，还备受追捧！这样的结果可以说是腾讯、京东双赢。表面来看，这是他们一起赚资本的钱，但由此给京东奠定了与阿里一争天下的实力。

更幸运的是，一年后腾讯旗下的微信大火，又给京东带来了巨大流量。

其实，刘强东的幸运源自他的自信，刘强东首次去腾讯见马化腾及其团队，就说了明天的京东将是中国最大的互联网公司。

相比不确定性，我更喜欢确定性的东西，然而只有不确定性才有巨大的红利可赚。

第四节　路线之争：平台化与自营之争

2011 年，服装自营事业部经营一年后失败。我遍访国内外知名购物中心、百货公司才发现，国内早已没有自营的服装业态[1]了，因而连服装买手都找不到。我在拜访纽约的曹老板时，他

[1] 业态指的是业务经营的形式、状态。

也说，美国百货公司订哪款货，以及每款货的订货量、售价等都是以服装品牌商的决定为主。

我事后分析服装自营有以下几个困难点：

激烈的竞争：服装市场竞争激烈，能不能胜出用老话说就是：水牛打架，全靠角硬。有许多品牌和零售商为了争夺市场，投入大量资金、人力进行品牌建设、市场推广和销售渠道搭建，这种大规模投入风险比较大，难以控制。

库存风险：服装追逐时尚的属性和周期性变化使得库存管理成为经营者头疼的事情。自营模式往往会面临清理库存和处理过季商品的问题。这两点处理不好会让企业盈利变得困难。

消费者需求变化节奏快：关于服装这一块，别说我们难以分析消费者需求，就是消费者自己恐怕也弄不明白他们到底需要什么。经常是买了后悔，不买又睡不着，试穿的时候觉得好看，买回家又不喜欢了。这种消费者心理导致服装行业对时尚和款式的需求变化速度非常快。尤其是电商兴起后，面对琳琅满目的衣服，消费者随时变化的需求让企业在生产和供应链管理上必须做到非常灵活，但要做到这点并不容易。当时国内正值天猫与京东的平台与自营之争。不同品类的经（销）、代（销）、联（流水倒扣[1]）、租（固定租金）方式不同，在经、代、联、租间还有很多中间跨界模式。这时，我开始压缩自营事业部，组建以招商为主的服装事业部。

---

[1] 流水倒扣：一种结算费用的方式，按照商家销售额抽取一定比例的费用。

在事业部总经理人选上，我不再用招商经验丰富的人才，而是物色懂互联网流量的运营人才。此时，来自淘宝、在当当技术部做产品总监的邓一飞主动请缨。我暗喜！但当当向来重经验，轻创新；重和谐，轻推动力。有人觉得邓一飞太年轻（刚满 30 岁），行业经验苍白，个性太强，不好合作，而且技术转业务风险大。我力排众议，坚持要用邓一飞，为此我还在公司造势：选拔培育“80 后”后备队，拟提拔 6 位“80 后”高级总监和 2 位技术副总加入公司管委会。这一点引发了几位“70 后”骨干的不满。

邓一飞出任服装事业部总经理后，第一年组建了 70 人的团队，年销售额达 1 亿多元；第二年销售额近 30 亿元，佣金（含直通车）收入 1.25 亿元；第三年佣金收入增长 80%。

服装事业部成立第二年，我就看到平台的爆发式增长潜力，迅速督促日用百货部把招商业务发展出来，第二年招商佣金收入也达到 8000 万元。但日用百货部深陷自营制约，毕竟那些货已经入库，很多经销不可退！

日用百货部自营亏损严重，不仅销售毛利额不足以支持物流费，还占用大量的物流仓库，客服、财务、技术、人力资源等损耗巨大，简单算下来，百货自营一年要亏损 3 亿元。

服装事业部招商的成功终于让大家看到了巨大商机。当时，当当的服装销售已达到京东的三分之一，而京东流量是当当的 8 倍之多。

其实，在还没出现如此好的销售结果之前，我就曾逼迫婴童事业部发展招商，要求自营最强的业务经理去做招商，并且邮件连发三级下命令。

图书招商，我也下了很大的力气推动，但效果没达到预期。分管童书的副总王悦第一个反对招商。当时，最活跃的两个省的新华书店已经入驻天猫、京东，他们雄心勃勃打价格战。当当童书不惧价格战，王悦说，童书事业部扣除物流费给公司贡献销售额的10%。同时，当当自营有 12 个分布式库房，交货速度已能做到次日达，而那两个省的新华书店只有 1~3 个库房，交货速度慢。

我出面谈判，让童书商家入驻 3 个月，满意后，流水倒扣增加到 8%，效果很好。

童书之外的图书也积极招商，以迅速弥补当当进口书这块短板。只是为了防止盗版混入，我们严格预审资质，甚至一刀切地将新华书店排除在外，我又督促评选一批特色独立书店，弥补了当当自营几个类别编辑的技能缺口。

第一年年末，图书招商仅 5 人小组就实现了当当 10% 的销售额。但当当自营太强势，始终不给平台商家分配 10% 的流量，即使如此，三年后当当图书商家的销售额也占了当当销售额的 15%；如果放开，那将是 30%；尤其是敢和当当自营打价格战的都是货源充足或一时冲动的国有书店，何不把他们吸引到当当，而让他们去天猫、京东呢？！如果我们更加开放，那么当当可以吸引更多优质商家入驻，提升了商品的多样性，也为用户提供了更丰富的选择。这种合作模式不仅促进了平台的生态建设，也为当当在竞争激烈的电商市场中稳健发展提供了有力支撑。

对团队在搜索结果向自营倾斜这个要求上，我三次拒绝！

第五节 入驻天猫，还是入驻京东？

和天猫、京东竞争十多年，当我召集高管讨论当当是否入驻他们时，多数人反对，认为在知名度上我们是第一阵营，有 4000 万的用户，且聚焦在图书领域，我们入驻他们是在给他们带流量。

我给管理层分析，用户在哪儿，我们就该在哪儿，方便顾客一站式购物是很重要的。而当当有足够深的供应链，不惧这些平台有一天甩开我们搞自营。而且，当当入驻天猫对打击盗版有益，也对我们和天猫引入出版社入驻之间的竞争有利，更能够对其他省的新华书店入驻天猫形成打击！当然，前提是对方流量规则化，不能抑制头部商家。至于大家担心的当当顾客是否会外流到天猫，我不得而知，但我们会加强图书的评论社区来吸引用户。随后，我和高级副总姚丹骞分别在北京和杭州接受阿里的宴请，谈定合同。

当当自从入驻天猫后，长期是天猫图书榜的第一名！而且，天猫当当店的销售和用户增长率较当当主站的增长率都是翻倍的，连综合毛利率都比主站高 3~5 个点。

第二年，我又督促当当童书事业部全面放开，把销售占比 30% 的独家品种也放到天猫当当店。天猫当当店第二年的销售额占到当当总销售额的 15%，5 年后这一占比提升到了 25%。

管理层由此也产生了疑问。天猫当当的用户只有 15% 的人会来当当主站购买，而当当主站有 22% 的老顾客会到天猫当当购买！这是不是有问题？这个问题有多大？我至今在寻找答案。

还有一个问题我复盘后觉得，当时应该趁当当在天猫的热度，要求阿里关闭淘宝图书，这样打击盗版会更进一大步。

入驻天猫后，刘强东多次在饭局上问我为何不入驻京东？我的回答是：等你放弃自营，我再入驻，不然入驻商家很难和自营店竞争。刘强东听后表示理解。

第四章

长期战略：布局新当当

创业，永远在路上。无论是白手起家，还是成势后的再创新，一个创业者永远不会停止创新和探索。不论是创办当当、早晚读书或者搞直播带货，一路走来，我始终都是在进行推广阅读和布局百货双线作战，也始终带着高势能创业者的优点和缺点。

第一节　当当退市，婉拒京东

2015 年，上市第五年的当当股价已经跌到发行价的一半甚至更低。虽然交易量很好，但是资本认为当当扩张不利，加上阿里、京东上市，他们觉得做垂直电商没前途，而且，当当在获得 BAT 投资上毫无进展，于是人们纷纷抛售当当的投票。

这时软银赛富基金的首席合伙人阎焱认为，当当应该私有化

（就是从证券交易市场退市）。

当当现金流很好，也已扭亏为盈，但股价增长低速，要想完成私有化，只要将我们家的股权抵押给银行，借出10亿元人民币即可完成。当时几家大的基金公司都认为当当价值被低估，希望投资当当，但被我们拒绝了。现在他们见到我时还说："我最早给你们出主意，结果私有化不带我玩。"我说："借钱比投资成本低多了，何况当当现金流好，是扭亏为盈的好公司。"

当当是中国电商第一家赴美上市的公司，如今又是第一家退市的公司，应该说两次资本风口，我们都抓住了。

退市后，我们家的股份从32%变成92.5%，团队占7.5%。夫妻名下的股份安排显然留下巨大隐患，由此夫妻公司控制权之争引起舆论哗然，这些留待下一本书再分享给大家。

当当凭借拥有的4000万用户，仍是资本大鳄追捧的对象。

正在我和当当高管还没来得及高兴的时候，京东的刘强东约我吃饭，我以为凭我的魅力，京东也来投资当当，大家都把图书交给我，那我们就不必忙于价格战了，这样也能为出版业创造更大的价值。可没想到吃饭间，刘强东表示，京东和阿里的竞争是公开的，他听说阿里在与我进行沟通，并表示如果我考虑出售公司给阿里，那我们依然是朋友；如果我接受阿里的投资，我们仍保持朋友关系，但在商业竞争中，我们将成为对手，我们可能会进行激烈的竞争。另一方面，如果我不选择接受阿里的投资，那京东愿意投资10亿美元给当当，并且将京东的图书业务与当当合并，京东在合并后的业务中占有40%的份额。

我们负责投融资的人问阿里，当当一旦接受阿里的投资，就要应对京东的价格战，阿里能给什么？阿里很坚决，说给流量补贴，给价格战补贴！

面对两个巨头，我三次召集高管讨论，要求投票表决，大家都觉得要继续保持中立，不要当两个巨头的“炮灰”，为行业创造价格之外的价值。

我试图说服刘强东把双方的图书业务合并，京东占股 25%。因为京东图书的销售额是当当的 70%，且当当盈利，京东图书亏损。结果，刘强东不同意，他诚恳地说，京东分拆出图书业务作价低，会撼动京东很大的估值。

后来，我们把他们投资的要求都回绝了！

现在看来，我们当时应该请券商并购专家给出意见，而不仅是在高管内部讨论。同时，我们也应该请专业的投行代表当当和阿里、京东谈判，也许有更好的方案。

这是当当在资本市场的又一次低水平表现。

第二节　心怀憧憬，开辟新当当

在当当，我和夫人长期担任双总裁，但我们俩在经营上，尤其是在用人和待遇上争吵不断。

当当退市后，每季度为资本市场做短期业绩的压力大大下降，加之竞争也没之前那么激烈，我开始思考当当的长期战略。

2015 年 10 月 6 日，我在郊区的度假村召集当当的五位副总开会，宣布从次年的 1 月 1 日起，我不再负责当当的老业务，去开辟新当当。

我以为五位业务副总会舒一口气，因为终于不用再听两个老板的命令了。结果，当时分管少儿书的副总王悦立即泪流满面，站起来说："您要不管了，我立即辞职。"充满情怀的王悦分管少儿书十多年，把竞争对手打得满地找牙，非常优秀。

分管服装的副总邓一飞也哭了，她表示自己将在半年内辞职。邓一飞是开拓当当服装业务的功勋人物，她从当当的产品总监转到服装事业部担任总经理，在她的带领下，第一年服装事业部只有 1 亿多元的销售额，第二年就达到了二三十亿元的销售额。

最后，当当元老、高级副总姚丹骞红着眼睛说："不可思议，您对当当太不负责了，也对小股东不负责，可以收回决定吗？"

我大谈新当当的美好前景。虽然大家还是不愿意我放手老当当，但他们都知道，这对我来说可能更合适。

2016 年 1 月 1 日，我走马上任，对新当当心怀憧憬。

此时互联网进入了无线时代，App 兴起，很多投资人追捧，认为是干掉 PC 网的机会。的确，很多 PC 网在 App 转型中没落。当时某著名投资人和当当的管理团队见面，说这些投资人都不看好我们，说你们这些"老狗"学不了"新道"，移动互联网时代你们要被淘汰。我顿感压力倍增。

深受刺激的我马上就宣布组建无线事业部，从现有副总和总监中问谁愿意挑大梁，分管图书的四位副总不愿动，毕竟他们的 PC 业务在行业中地位太耀眼。我又问已经把服装业务做得很成功的副总邓一飞，她说，有能力挑，但打不过图书的副总们，他们资深固执。至于四位总监，则全不敢应战。当当的副总基本上都是当当的元老（邓一飞、技术副总除外），而做图书的总监大都缺乏魄力或太会过保守。无奈中，我想起当当的期刊采购运营经理马铭泽，他学习新东西快，有决断力，也会带团队，和我认识十多年，也许他愿意当这个“敢死队队长”。两个月内，当当无线事业部的技术团队就发展到近百人，市场预算占比从全公司的 15% 发展到 40%。新团队一改往日招商说了算的局面，完全变成用户说了算。一开始，当当 App 仅占当当流量的 10%，各 PC 事业部对无线事业部很冷淡，一年后，当当 App 流量已经占到当当流量的 40%，两年后达到 60%，而且获得新顾客的成本比 PC 事业部还低 25%。

新当当的版图包括电子书（已经以事业部的状态存在三年）、自出版（已经不死不活地存在三年）、当当融资的实体书店、文化地产、时尚百货及知识付费。之所以布局新当当就是围绕当当的业务实现盈利或构筑竞争门槛，而不是做互联网金融，但是我们的启动资金很少，甚至都无法布局知识付费。

至于新当当的扩张方式，我们向内是靠招兵买马，向外则是与外部合资。原本我们打算尝试和外部大企业合资推进项目，但我方资金和流量支撑不足，于是采取内外相结合的方式，相当于内部创业。

我们给每个业务团队 25% 以上的干股，新当当占 51%~55%，除了投入小额资金，我们还给新业务团队当当的流量及当当的品牌支持。我用了大量时间和每个业务团队讨论战略，甚至在实体书店业务上，我亲自上阵，直接参与商业谈判。

第三节　实体书店的出路何在

书店是一个城市的灯塔。电商大行其道，实体书店出路何在？这是我一直思索也急于解决的问题。首先，我觉得大型书店已过时，而中型书店（500~2000 平方米）更容易有效益；其次，书店具有网红效应，那么书店的租金和店面装修的费用该由商业地产买单；最后，我在电商大行其道时，作为中国书刊发行业协会副会长，多次向原新闻出版总署、财政部呼吁，用财政补贴实体书店的运营成本，抓住读者在实体店有而网店没有的线下体验！咖啡自然是必不可少的，还要利用好书店的位置，将书店与教育培训相结合，增加名人签售见面会等。

当当书店开在长沙步步高梅溪新天地，在作家大冰的签售会上，排队的读者有 3000 多人。随后，当当书店在沈阳、长春、济南、成都、重庆、南京等地开了近 30 家。

在实体书店步履维艰时，当当书店三年内累计亏损人力成本合计 1000 万元，但给当当带来很高的口碑。当然，提供如此条件的多是当地城市的二线商业地段，也有很多当地三线地段的开发商寻求合作，但被我们婉拒了。还有一些二线商业地段希望开超过2000 平方米的书店，也都被我们婉拒了。因为我知道那样运营成本太高，开发商代价过大，合作五年期满他们会后悔的。上海分店就是一个失败的案例，书店规模大，开业盛况空前，但很快陷入困境，幸好那是一个独立公司，当当只投了 300 万元人民币。然而令我没想到的是，50~100 平方米的当当超市书摊，在经历高速扩张后——最多时达 300 家——三年后也陷入资不抵债的境地。虽然当当只投入了 300 万元，但给当当的声誉带来了负面影响。其失败原因是，房租倒扣居高不下，超市书摊的“年平效[1]”高达 2 万元。还有一个原因，当书店是个独立的小公司时，创始人有动力和超市店长建立私人关系，经常努力去获取超市资源，比如免费使用超市的面积（堆头）获得销售额，而被我们收购后，这种动力没有被发展成体系，各超市的书店管理没有跟上。

后来我不管新当当了，听说老当当给新当当超市书店赊销的1000 万元也面临损失。文化地产咨询公司成立后。政府希望找到会运营文化产业的实体，兴办当地文化产业，但财政无法直接给予资金上的支持，可以提供土地，而房地产开发商也希望利用当当的知名度和运营文化产业的品牌号召力来打响他们的知名度。于是，我们三方签订协议，当当不出钱，拿地后，当当从开发商那里获取几千万元现金和不少于 1 万平方米的商业地产。

[1] 年平效：指终端卖场一年下来每平方米的效率，是评估卖场的重要指标。年平效 = 年度销售业绩 / 店铺面积。

新当当第二年，我带新团队和老当当的团队，分别和成都、西安、南京、深圳、上海某区及天津、重庆、吉林等省市的负责人洽谈文化地产项目。成都希望在地铁里开书店，还希望改造老街区；天津希望利用老洋房开书店；深圳希望新当当全面布局文化产业；西安更是打开地图，当场让我选址。选什么样的地产开发商合作呢？我向红星美凯龙请教家居模式后，决定专门与当地的排行四至十名的地产开发商合作，因为当地前三名的地产开发商不一定需要新当当赋能。

与此同时，电子书业务转入新当当，从事业部改组为公司。我把亚马逊中国电子书业务负责人雷玟挖来担任总经理，人员规模迅速从 50 人扩大到 100 人。在她接手后，新当当的电子书销售额实现了显著增长：从接手时的 1000 万元增长到第一年 2000 万元，第二年 4000 万元，第三年则达到目标 7000 万元，盈亏方面，从接手时的 2500 万元亏损到第二年减至 1500 万元亏损，再到第三年实现 1000 万元盈利。另外，新当当电子书增速达到 80%，第四年成为行业第一。亚马逊中国凭借阅读器开拓电子书，深得中年人喜爱，而当当扬长避短，凭借当当纸质书优势，抓住手机应用爆发，让当当云阅读 App 的下载量达到 800 万以上，日活达到 30 万人左右；来自主站的电子书占云阅读的 40%。我为了老当当考虑，坚持当当云阅读有的功能老当当 App 也要有，让读者选择是否另外下载，同时几乎不给当当云阅读独立下载的推广预算。这遭到了电子书公司的不满，而老当当因为不希望用户“外”流，也只给 1% 的流量支持当当云阅读下载。

第四节　网络文学、当当影视与百货

以前网络文学在老当当一年亏损 400 万元，部门撤销。新当当此次投入 300 万元重新成立了网络文学公司。网络文学在当当主站销售占 38%，剩下的 62% 是各个渠道分发的销量，第二年因出售影视改编权反而盈利。网络文学公司团队随着我离开当当而出走，业务被打包廉价出售。一年后，网络文学出现了巨大的机会，如果新当当网络文学公司还在，那将是大展宏图的时候。

自出版板块是新当当的“现金牛”业务，也是盈利模块。原来在老当当时只有 6 个人，年销售额 1200 万元，转到新当当后发展到 50 多人，第三年年销售 3 亿码洋，实现盈利 5000 万元。

新当当出版业务销售额为何年年翻番，利润还很好？我办当当前，曾从事出版工作十余年，此次从公版书切入，主做公共版权的中外文学、历史名著和儿童文学。战略方向有了，在组织结构方面我也大胆创新，此前我发现中外传统出版集团限制每个编辑室的创造力，或者他们想改革，但流于形式。于是，我推出工作室制，让每个优秀编辑成立工作室，独自决策出版什么类型的书，所有工作室共享印制中心、发行中心，这样分钱的问题也解决了。

新当当为何布局出版？在没有亚马逊时，美国最大的书店巴诺书店的财报显示，53% 的图书销售利润来自集团下属的十几个出版社，47% 则来自书店零售。为此，每家巴诺书店一进门的位置都摆放着旗下出版公司的图书专柜。我也为此把老当当的搜索栏里面的相关推荐设置为新当当出版的品种，毕竟在其他网站推广，头条位置太多人抢，而且效率也不及当当这种图书网站。当当搜索栏这个位置带来的销量可以占据此书购买率的 42%，当然，新当当自出版图书也积极参与价格战。不仅参与价格战，新当当自出版还带头提高毛利率，并以此推动招标，推动老当当公版书的毛利率从 25% 提高到了 30%，要知道零售业每提高 0.5% 的毛利率都很难。之后美国亚马逊也开始做自出版图书乃至影视剧，真是英雄所见略同。

2018 年 12 月，自出版部门 8 个工作室开战略会，我们确定把战略方向从公版书调整到争抢有版权的经典书。同时新当当投融资小组认为应该再招募 30 多个工作室（现有 8 个），每个投资 100 万到 300 万元（分阶段投入）。二十年前和美国出版巨头交谈，我就知道在美国文学这一块出版社的一半利润来自小说改编权出售。当时，我就和国内的 8 个小说出版商讲了这件事，还笑话他们总跟当当谈 3~5 个点的折扣这点小利益而看不到小说改编这块蛋糕。中国纸质小说销售在当当占据半壁江山，而且当当的小说类图书的评论很精彩，许多名不见经传的作者爆红，都是源于当当网的评论。那么新当当可否一改过去信息过滤的模式，通过算法找到这些有潜力的作品呢？而且当当还有大量电子书的阅读数据，这对编辑改编图书来说也有益处。

带着这个想法，我和新当当影视公司的唐虓珲、光线传媒的王长田、华谊的王中军，还有腾讯、爱奇艺、优酷的几位负责人洽谈，希望利用当当孵化小说的能力，事先获得小说的影视改编权，推动中国影视发展。

刚开始合资洽谈不顺利，因为每家影视公司或平台都希望获得独家改编权或者优先购买权。可是新当当的投资额已经不足，为此我从这些年税后工资总额中拿出 1000 万元投入进去。老当当对此业务很支持，甚至为此改变重点书目入选标准和流量支持算法。

之后新当当影视公司一炮而红，率先把第一部流量小说推到 20 万册销量，接着又以高价出售改编权。随后找上门来的作品越来越多，但新当当影视公司始终在到底采取作品经纪好还是作者经纪好，还是直接投资、制作发行影视作品上犹豫不决。由此便忽视了自身的战略定位：用算法过滤出好作品，然后孵化。

另外，新当当的百货做法是什么样的？新当当要不要布局百货？当当刚成立时的商业计划书参照的是当时已经成立五年的美国亚马逊，当当在第六年开始拓展百货，但百货价格战让当当损失惨重。2013 年，邓一飞挑起服装业务的重担，次年销售额高达 30 亿元，且利润贡献额达到 1.2 亿元，这又让我重燃做百货的梦想。

虽然新当当的资本有限，但也会布局。有些电商巨头或垂直电商希望和当当成立合资公司，但老当当不舍得放弃某些品类，更不愿给流量，于是新当当只好内部孵化创业。新当当的新百货不能与老当当竞争，只能发展自有品牌，我明知这么做又慢又笨，也只好硬着头皮推进。新当当梦想通过时尚百货的自有品牌一改当当的土气，与当当的书卷气相契合。于是，新当当拿出 1600 万元，投资时尚家居、时尚男装、时尚护肤品、药食同源产品、特色农产品等七个门类。

难得的是，这次老当当给新当当 14% 的流量，但这些流量只有一小半用于新当当百货，而老当当百货占据流量近 60%。后来我终于说服老当当拿出订单提交页流量用于单品竞争，结果无论是销售额、毛利额还是新增客户数，新当当都是老当当的 3 倍，而且好评率更高。

经过一年半的试验，新当当各创始人终于摸索出研发产品的方向，也学会了高效流量运营策略。但到了第三年秋天，正当我们准备“双 11”大干一场的时候，恰逢 10 月库区失火，货品烟熏严重。此时各创始人有的停薪，有的卖了自己的房子解决现金流，为此我希望老当当垫资保险公司先行赔偿给新当当，或者从老当当处借款，但没得到同意。新当当时尚百货几乎梦断一场大火。现在回想起来，我作为战略投资人犯的错误有如下几项：

第一，严令团队不得开辟天猫、京东等平台。没有开拓天猫、京东等平台，这在战略决策上显然是一个错误。为了保证当当独家，我们过于依赖自身平台，未能充分利用电商生态系统中其他平台的流量和资源。这一决策使得当当在市场竞争中失去了与更广泛用户群体连接的机会，错失了与其他电商平台形成互补关系的可能性。

第二，严格要求售价只能是 35% 的毛利，不得超过成本价 2 倍以上。即使如此，他们那点钱居然也支撑了两三年，实属不易。这一战略错误的结果在于，尽管产品价格相对亲民，但盈利空间受限，企业的资金回笼速度减缓。过于保守的策略也让我们的现金流始终比较紧张，制约了我们在市场中的灵活性。

第三，新当当的时尚百货，没想清楚是否坚持渠道品牌。

第五节　离开当当，再出发

2019 年 1 月中旬，我把新当当管理权交还老当当，随后新当当各项业务逐年下滑至今。

至于我为何离开当当，里面有多少原因是大股东治理缺陷导致，多少原因是夫妻创业宿命，这些已经是下一本书要分享的了。

2019 年，我启动新的创业项目——区域链[1]，但区域链公司因国家法规而终止。

随后，我创办了早晚读书。2022 年，我又创办了直播公司。一路走来，我始终带着高势能创业者的优点和缺点，无论是早晚读书还是直播带货，我都是在进行推广阅读和布局百货双线作战。

创业是一种生活方式的选择，既然选择就要接受商业标准的衡量，希望两年后再和大家分享其中的苦与乐、成与败，分享我领悟到的创业洞察。

---

[1] 区域链：区块链技术的一个变种。

· 第二部分 ·

复盘：没有人永远都在高光时刻

当当网就像是一个孩子，是我和团队一点一滴用激情和汗水培育出来的。刚创业的时候，团队像是一群孩子在打仗，有点混乱但充满生气。

然而，真实的创业并不像孩子玩游戏一样有规矩。在成长的过程中，我们遇到了一波又一波的挑战。有时候是市场的风云突变，有时候是竞争对手的狂飙突进。这就像是一场不停变换音乐的舞会，让我们每个人都不停地调整自己的节奏，以适应这个时代。

在一段时间里，我们经历了一些不可思议的高光时刻。在纽约证券交易所敲钟，成为中国第一家上市电商公司，每一次业绩的飙升，每一个用户的好评，都是我们团队骄傲的瞬间。这时候，我感觉自己实现了人生中的某些价值，同时感觉未来充满了无限可能。

歌德有一句话说得好——凡是让人幸福的东西，往往又会成为他不幸的源泉。没有人永远在高光时刻。在经历了互联网从野蛮生长到三足鼎立再到巨头林立后，我们感觉整个世界都在离我们远去，就像生意场上的小鱼被大鲨鱼欺负。是的，这是低谷期，是我们面对的困境。但正是这些低谷，锻炼了我们的胆识和毅力，让我们更坚定地走在创业的路上。

曾经我也站在山顶上，现在我要做的只不过是要回到那里。人生几十年，滚滚红尘，雁过无痕，过去的事情不必再追问。所有打倒我的，将是我前进的资本。起起落落，都是人生。与其躺平，不如接受现实，继续折腾。

第五章

互联网没有下半场：当当为什么错过黄金十年？

成：财务指标和市场指标双优秀，创始人占到较大比例的股份。

败：缺乏平台化战略的坚定信念和跨界的魄力，在关键时刻的收手和墨守成规。

当当这二十多年，怎么看它是成功还是失败？当当正式成立是 1999 年 11 月 9 日，实际上 7 月 1 日融资就到位了。成与败，用不同的评价标准，能够得出完全相反的结论。而且有的时候，你正面看是成功的，背面看就是失败的。

那我们看看它成在哪儿？第一，当当是个成功的独角兽，年销售额过百亿元，市值过百亿元，年利润近 6 亿元。从财务指标上来说，这应该是第一个成功之处。

网上有很多质疑当当的人，说当当是跟阿里巴巴同时起步的，阿里巴巴的市值都上万亿元了，当当的市值才 100 亿元。太失败了。另一方支持我们的人就说，别说当当了，人家当当年利润五六个亿，还有增长，难道不算成功吗？总之争论很大。从财务指标来说，这是第一个我认为当当成功的地方。当当的现金流不错。可以说，到目前为止，当当除了私有化时有过负债，借了 10 亿元人民币，其他时候都没负债，也就是没有跟银行借过款，这样的企业不多。很多企业一看资产挺多，比如有 3000 亿元，一看负债呢，2800 亿元。企业负债率 70% 以下都是可靠的企业，而当当是零负债。所以，从财务指标上看，当当是成功的。

第二，市场指标。当当在细分类目图书中遥遥领先，甚至曾占到中国一般图书零售 38% 的市场份额（不包含教材、教辅），稳居细分类目第一。这是衡量一个企业是否优秀的市场指标之一。从市场指标来看，当当也是成功的。

第三，相比销售额和利润率，其实更重要的、更值钱的是用户数。至今，当当每年的活跃用户数接近 4000 万人。也就是说，每年有近 4000 万用户在当当网买过东西（书为主，当然也有百货）。相对来说，当当的用户数还是巨大的，是海量的，这就是为什么每隔几年就有人说要收购当当的原因，说明当当有价值。

第四，评价一个企业成功与否还有哪些指标？除了财务指标、市场指标、用户数外，还有一个很俗的点——团队有没有赚钱。当当私有化后，我跟俞渝占公司 92.5% 的股份，其他管理层加骨干占 7.5%，关键当当是盈利的，我们团队也赚到了属于自己的财富。

我记得有一次，著名的投资人周亚辉搞了个小型培训班。他就问底下的学员们："你们这些公司临近上市和已经上市了的创始人，谁拿到的股份占到公司的 30% 以上？" 结果没有多少人。然后他又说：“你看我们的第一代互联网创始人，股份都超过 30%。”他说得没错。网易上市的时候，丁磊占网易 58% 的股份。当当上市时，我家占 32%，超过 30%。

这是我们看到当当成功的一面，那失败的一面是什么？

第一，没有达到更高的财务目标。当当达到 5 亿多元的年利润就很好吗？当然，比很多企业好，好多企业的利润还买不起两套房子。但是作为第一代互联网人，我赶上了巨大的风口，为什么没有带领当当实现 30 亿元利润呢？事实上，当当完全有这个机会。有人会问，销售额过 100 亿元、200 亿元、300 亿元就好吗？跟人家上万亿元的比，当当难道没有达到 1000 亿元、3000 亿元的销售额的机会？

当然有！

错过了。

当当错过了第二个十年，也就是百货的蓬勃发展期，这是当当丢掉的机会。当当曾经比肩阿里、京东，后来唯品会和拼多多进来了，当当从电商老三变成老四、老五。当当虽然在图书领域能排第一，但是综合起来，市场份额是在下降和缩小的。

第二，还是用市场目标衡量。在市场目标上，当当虽然能达到图书品类第一，甚至综合品类第二、第三，排名有一段时间甚至比京东还靠前。结果到今天，当当的市场份额就是京东的零头。在综合市场份额占比方面，我们是失败的。

第三个失败的方面，是财务。虽然创始人占到了公司 92.5% 的股份，可是当当的估值只有 100 亿到 200 亿元。而刘强东，虽然仅占京东 10% 的股份，但是人家的公司有上万亿元市值。所以你看看，差距就出来了。是成是败，我不做最后结论，大家可能已经有结论了。那么造成这一切的原因是什么？我逐一复盘。

第一，就是企业发展战略和竞争战略的问题。

过去这二十年，当当始终没有形成平台化的商业模式下的品类优选。品类优选强调专业，没有平台化的商业模式，品类扩张就摇摆不定。特别是百货品类扩张，当当刚一出现亏损就收缩。这就是第一个问题——缺乏平台化战略，没有形成公司的战略定力。我们还在精打细算地研究品类、刚发展一个品类的时候，竞争对手就来了，它们用亏损式扩张的打法来挑战你，你一看对方来势汹汹，又退回去了。在品类发展上，当当也曾经卖过手机、笔记本电脑等，跟京东也是有一拼的，还收购了一个小公司。结果，京东亏损式扩张，来势汹汹，而我们又没有平台化战略的坚定信念，于是主动放弃了竞争。

我记得在 2004 年，京东只有当当 75% 的销售额、75% 的流量，我们的管理层在北京怀柔一起开会，包括我们的 CTO（首席技术官）、市场副总、百货副总等，一起研讨企业发展战略。分管市场的副总陈腾华说："我们今天要回答，当当要不要在手机、笔记本电脑上发力？今天京东是我们体量的 75%，如果我们不在这个领域发力，很快京东就会超过我们，无论销售额、流量还是用户数。这是我们管理层能接受的吗？"

当时有来自物美的全国采购总监、执委会执委裴彦鹏，有来自美国 eBay 的、我们的 CTO 戴修宪（Hubert Tai），还有我们的

CFO、现在是“什么值得买”的 CEO 邱玉栋。我们一起分析手机的上、中、下游，从诺基亚、摩托罗拉到代理商、批发商，再到苏宁、国美、迪信通，分析完上、中、下游，我们觉得这个行业太烂、太糟糕了，不能盈利。所以我们一致决定，放弃手机和笔记本电脑品类的竞争，如果京东因为这个品类超过了我们，我们也无所谓。

同样在 2004 年，我们就对外说，我们也在做商城。那时候还没有天猫商城，只有淘宝。我们做的事情是从一堆商家中选出优质商家，再发展当当的百货平台业务。这件事做了三个月，这个部门虽然只有 6 个人，结果还赚钱了。

当时我记得我们的 CTO 说：“不错呀，把我们的开发投入都赚回来了。”本来该大肆扩张的时候，我们遇到了各种投诉，不知道投诉的商品是假还是冒，是伪还是劣，至少是没品牌的货吧。结果，我们又太爱惜自己的羽毛，停止了扩张的步伐。你看看我们卖图书，从来都是卖正版货，跟出版社直接进货。我们不希望假货来败坏我们的名声和我们的品牌美誉度。当时做这个平台业务的，是一个应届毕业生，叫褚明理。后来，他自己创办了网络广告公司，再后来又成为上市公司科达的总裁，2021 年他辞职后，又在创办新的公司。

接下来我再讲讲当当的百货战略。这个在上面讲了一点，我再在这里说一下。

同样，我们做过孕婴童用品，曾经一度做到全网第一。当时，京东在使劲卖孕婴童用品，亚马逊中国也在使劲卖孕婴童用品，连聚美优品也在卖。我跟陈欧说：“你干吗卖孕婴童产品呀？你们家的用户都是年轻的女孩儿，你聚焦在护肤美妆多好，卖什么纸尿裤、奶粉啊？这些人生孩子还早着呢。”陈欧回答：“不行，我也要扩张品类。”我说：“你干吗非扩张这个？你做做零食。”

其实我们可以各自寻找各自擅长的赛道，当当卖孕婴童产品，京东卖食品，亚马逊卖护肤品，如果这样，就不会有后来的专卖食品和护肤品的垂直电商了。

但是大家不这么想，都想在孕婴童产品上竞争。大包纸尿裤78 元，货运费差不多要 10 元，我卖 83 元，而别人只卖 68 元。

所以，价格战打下来，我们一年就要亏一个多亿。最终我们选择刹车了。在这种商业竞争中，我们为什么刹车呢？归根结底，还是没有吃透平台战略这个商业模式。我们前期亏损应该先看看这能给我们带来多少用户，用户数在未来就是价值。一个用户怎么也得值 30 美元。

为了获得一个新用户，直接投广告的话，平均下来，要花300 块钱才能获得一个新用户。而当当有很多用户就是靠低价策略吸引来的，这个转化实际上是非常划算的，结果我们又收手了。我们在服装领域也曾异军突起过，对唯品会、天猫的服装构成直接的竞争。到现在，在当当，童装一天的闪购销售额达 800 万元。

十年前，我们启用年轻的“80 后”副总，在当当干了五年，做产品总监。她立志要专营商业，挑起服装事业部平台化这个任务，那一年最多的时候能有二三十亿元的销售额，形成的佣金收入就将近 2 亿元。但是，我分管当当新业务半年后，她辞职了。她现在是优酷的副总裁，是非常受重视的副总。我从 2015 年开始做当当的新业务，我们自有品牌布局了十个门类，包括护肤品、婴儿用品、彩妆、时尚百货还有潮牌男装等，因为当当用户群还是在一二线城市的居多。连一些药食同源的食品，我们都布局了。负责这项业务的负责人到长白山深山老林里采购人参，我们称之为当当优选。这也是走在网易严选前面的。但不幸的是，这些业务后面夭折了。

这些扩张之所以摇摇摆摆，以致最后失败，从根本上来说就是，我们没有采用平台化商业模式，战略思想没有达到这个高度。

第二，我们缺乏“用户为王”的思想。

我们没有牢牢树立这个思想，还是关心每一个品类盈利的情况，先亏多少，到什么时候盈亏持平，什么时候盈利，老在寻找那个临界点。我们过分聚焦在这件事上，没有跨界的魄力。大家都说，羊毛出在猪身上狗买单，这就是一个商业模式。现在看很多互联网企业亏损，就是为了吸引用户，当当那个时候没有走出跨界的路子，甚至甘于随着行业的命运起伏。

比如，没有数字音乐的时候，CD、DVD 非常热销，当当的销量能排到行业第一，包括影视剧的 DVD、CD-ROM、DVD-ROM，当当也是销量第一。

我之所以跟音像店的这些老板还有音乐人小柯老师，著名作词、作曲人小虫老师都十分熟悉，就是因为我们当时 CD、DVD 销量第一。当然，他们的作品在当当也都是非常畅销的。

可是，后来市场环境突然就变了，现在谁还用 CD、DVD 呢？都变成了数字音乐。数字音乐时代，人们一开始是在 MP3 上听音乐，后来用手机听。那时候，拥有音乐著作权、词曲权、唱片权的公司，一年大概只要 50 万到 200 万元人民币的授权费，然后几千首、上万首歌让你随便放。可是，当别人在做免费的时候，当当还在考虑怎么收费。最后，国内的这几家电商平台，谁也没成为中国的亚马逊。

美国的亚马逊牛就牛在了不断跨界，它连数字音乐和数字影视都是美国仅次于奈飞的行业第二。在它之前的 Blockbuster[1]，在美国家喻户晓，街边每隔 50 米几乎就有一个 Blockbuster。最火的时候，Blockbuster 七天就可以开一个租赁店。可是，面对市场环境巨变，CD、DVD 萎缩了，人们直接在网上消费了，它没有迅速转型，最终导致破产。而当当也没有这种跨界能力。其实如果用户基数足够大，就算只有广告收入，那收益也是非常可观的。

如果当当在百货上不跟阿里竞争，变成知识和娱乐的门户，那可能就不会有爱奇艺，也不会有腾讯视频了。所以，这是第二个战略失误，没有“用户为王”的思想。

第三，制定战略时墨守成规。

这个可能跟我这个人的个性有关。我当了一辈子的好孩子，有道德洁癖。我从小就是三好学生，以第一名的成绩考入北大社会学系。老师说不能随地吐痰，我有痰恨不得吐在口袋里。这么多年，排队就没插过队。我是好孩子一个，什么都不敢干，墨守成规。

所以，我们为什么不做数字视频影视剧？因为没有执照，广电总局说了，超过十分钟就叫影视作品，就必须得有执照，我们不敢

---

[1] Blockbuster：一家美国音像租赁连锁店。

在没有执照的情况下做数字视频影视剧，但别人敢，这就是我墨守成规的地方。除此之外，当当还要当行业先进。比如别人搞全国性评选没有报批，我们是必须要报批的，因为我们是行业标杆，要起到模范带头作用。

技术带来的创新，都要先打破规则。先当规则挑战者，产业成熟以后再当规则制定者。滴滴刚成立的时候，我替它捏了一把汗。早年办当当之前，我办过出租汽车公司。政府就给你 50 辆或是 75 辆车，永远不能增加。后来人民生活水平提高了，城市半径扩大了，出租车发展跟不上，就有人需要“黑车”。后来看到网约车的发展，我说这不就是黑车合法化了吗？我当时非常紧张。至于互联网金融，我认真研究过，但发现到处都是政策雷区，根本不敢碰。所以我说，有道德是好事，但是道德感太强也会在某些时候让人的思想僵化。

我们制定战略的时候墨守成规，这是我们的问题。

当然也有人说了，问题的另一面，也可能就是对的。如果当当没有足够的融资能力，却杀入这一个又一个的价格大战，它可能会像已经死掉的那批电子商务网站一样死掉。在创业这条路上，至少我们比那些倒闭的电子商务网站要幸运太多了。总之，在这种高速成长的新兴行业中，当当错失了黄金十年，上市以后变得更加保守。

第六章

势起势落皆在资本：与投资商的博弈

成：拒绝亚马逊收购，拿到超级投票权，用借债的方式顺利完成私有化。

败：对融资和创始人干股的重视度不够，错失战略资本入局和过早上市。

在投资界有句话:“站在风口，一头猪都能飞起来。”说的是一个行业和需求处于刚刚被发掘和起势的阶段，资本蜂拥而入，此时，抓住风口的人被众星捧月，迅速发展，占领市场，最后名利双收。这背后拼的是时间和速度，而推波助澜的正是左右一切的资本。在瞬息万变的互联网时代，资本的力量更是几乎决定一切。因为互联网时代，只有上半场，没有下半场，只有第一，没有第二和第三。由此可见，与投资商的博弈在互联网创业中至关重要。

复盘当当的发展历程，一路走来，在与投资者的博弈这件事上我们犯过错误，也有过成功。

第一个错误：没有亲自抓融资

我一直是当当的 CEO，作为 CEO，要跟资本建立起信任关系，保持距离是不行的。当当的第一个五年，当时 IDG 的首席合伙人周全就告诉我："你作为 CEO 就该去见投资人，去融资。"我说每次融资估值是我定的，我也跟投资人谈，但是更多的细节我就不过问了。我没有活跃在融资第一线，而我们从事的行业面临资本大战，我应该在融资第一线。可以说，互联网企业想要快速发展，第一核心竞争力是资本。

没有今日资本的徐新，京东已经"死"三次了。我使劲地抓产品战略、品类战略、用户战略、供应链战略、品牌战略，结果，就偏偏在融资上没有形成战略。我们每一轮融资的时候，上一轮融到的钱还没花完，理论上不融资也行，这导致我对融资这件事重视程度不够。

所以，我犯的第一个错误是把融资这事儿交出去了。融资只能自己亲手去抓。

第二个错误：融资谈判失误

我们在估值融资过程中出现了一个很大的失误。虽然后来通过博弈要回来了，可是跟第一拨投资人伤了感情。

刚办当当的时候，融资很顺利，就像人们说的“不大一会儿工夫就能融到资”。

有人说，马云十分钟就敲定了孙正义 2000 万美元的融资。这事儿是不是真的呢？我问了当时软银赛富的头儿阎焱，找他求证有没有十分钟就敲定了 2000 万美元融资的说法。他说那是瞎扯。

虽然这种说法有点夸张，但当时的融资还是比较顺利的。360 创始人周鸿祎也说过，很轻松就能融到资。当当当时融资非常顺利，协议还没签，680 万美元就打到账上了，股东有 IDG、软银，有我在当当之前做出版数据服务公司的一个美国投资人的投资基金。投钱的人都是冲着我来的，觉得李国庆能干成这件事。

可是，我们犯了巨大的错误：我们傻乎乎地拿钱兑钱。因为在创办当当之前，我做过出版服务，也小有一些利润。拿钱兑钱，我们占了 30% 以上的股份。事后我才发觉，估值要低了，怎么别人一分钱没出，占了公司 65% 的干股？

我心理不平衡了，心想这不是欺负我吗？现在我占股 30%，再经过两轮融资上市，我就占百分之十几了，这公司还是我的吗？我记得新浪王志东就是因为股权太少而失去了公司的控制权。

我于是又跟第一拨投资人重新谈判。

结果没有投资人理我。

后来我就找 IDG 的周全去了。我说：“你不是说咱们是哥们儿吗？你不是说你们是天使投资人吗？你不说咱们‘已经领了结婚证’了吗？那你怎么蒙我呀？”

结果周全说：“咱们两方做生意，我还教你怎么跟我谈判吗？

你不懂，那你应该找别人去咨询一下，你付一小时 700 美元的咨询费，早就有人告诉你了。”

我说：“那现在怎么办呢？”

他说：“那没办法！我们现在要给你让步了，那其他人怎么办？我们投资了 100 多家公司呢，如果公司搞得好一点都找我们重新算账，那我们还怎么工作？”

我说：“这也对呀！”

后来我又说：“不行，我不甘心，对我打击太大，那我只有辞职了。”

当时 IDG 的头儿叫王功权，是他们的重要合伙人之一。

王功权资历很深，管理过万通，我那时候是年轻创业者，很信服他。

王功权拍拍我的肩膀：“国庆不要辞职，别搞‘自杀式袭击’。”

我问：“那有什么办法？”

王功权说：“没办法。”

我说：“你找我干吗来了？光拍拍肩膀哪行啊？咱们能不能重谈？”

他说：“不能。”

结果我说：“那我就辞职。”

我给股东、董事会发了个辞职信。

我这时候花钱咨询了，辞职是合法合理的，既合乎法律又合乎情理。

我那封信是这样写的：

“诸位股东，鉴于目前这个情况，我不满意。如果不多给我25% 的创业股，我就辞职。”

那时候王志东已经被辞了，我说我不是王志东，第一，在之前我就做过生意，我不是穷学生，再去找 5000 万到 1 亿元人民币，对我来讲容易得很。我再做一个叮叮网。但是我承诺，一年内不从当当挖任何人。第二，我也祝愿当当好运，因为我还是当当 30% 的股东。第三，给你们三到六个月的交接期，你们找人补空缺。第四，我没签竞业禁止协议，所以出去后还可以做网上图书销售业务。

我相信从我创办新公司那天起，给我一年时间超过当当，绝不在话下。

看完辞职信，投资人触动很大。因为对于小公司和初创公司而言，首席创始人辞职影响非常大。投资人确实投的就是李国庆。

后来投资人说，那行，今后四年，我们同意给你增加 25% 的股权，跟今后三年业绩挂钩，对赌。

我一开始同意了，对赌可以，我有信心业务每年翻两番。可是，后来有人说对赌对今后不利。那是过去他们欠我们的，他们不能把过去的问题放在未来解决。

正在我焦虑的时候，新投资人老虎基金来了。老虎基金的出现，使得我们跟上一轮股东谈成了。新投资人按 1 亿美元的价格估值，投资了 2000 万美元，但是我要求必须送给团队多少股份。如果当当董事会不给团队股份，新投资人就不投当当，不但不投，还转手投卓越网，投京东，投当当的一切竞争对手。

这美国资本也很厉害，救了我们，我们拿到了过去失去的 20%

多的股份。可是这件事把第一轮的基金公司伤害了，以至于我们进行下一轮融资——老虎基金出到 2100 万美元的时候，我动员 IDG、软银以及第一轮的三个股东，问他们能不能跟投时，他们都没跟投。

第二轮融资的时候，如果第一轮投资人不跟投，是件很寒碜的事儿，说明人家对我们有意见。但是，老虎基金没动摇，否则这可能就直接导致我们第二轮融不到钱。最后，老虎基金没动摇，还卖出一部分股份，把上一轮投资人的投资额给卖出来了。

这是第二个失误。

第三个错误：选错投资基金

以前投过我的那些基金都赚了二三十倍，却还不满意。他们觉得二三十倍也不多。我说你们的平均回报率为 20%，是不是在其他项目上赔了？

然后基金公司就说我当时太保守了，厉害的人无法进来。

结果我说了一句话，他们就不说话了。

我说："我就不该找你们，你们不财大气粗，你们'财小气细'。"

我没找大基金，找的都是 1 亿美元到 2 亿美元规模的基金公司。因为 IDG 只投小公司，给这家公司投 100 万美元，给那家公司投 100 万人民币，投的都不多，他们管这种投资方式叫"拽牛粪理论"。他们觉得，广撒网，总有一个能砸中。这是他们的投资策略，就投早期，一到中期就把股份卖给下轮投资人。

因为没找大基金，所以我们错失了充满野心的财大气粗的投资人——红杉资本的沈南鹏。

那时候我们年年都见两次面，沈南鹏除了对我们的夫妻店可能有看法，对当当和我还是有好感的。

另外，我们也没去主动约请孙正义。

我们还错过了谁呢？

当当上市前，高瓴资本的张磊看中了当当，上市前说来当当谈谈。

按理说我应该去见他，结果没见。

在上市定价前，要定哪家基金买当当的股份我们没有仔细甄选。因为买当当股份的基金公司太多了，高瓴资本是其中一家。因为他投了京东，我生气，就使劲儿砍他的投资额度，结果错失了一个大基金公司。

之后，当当又错失腾讯。

在投京东之前的半年，马化腾带着他的五大创始元老之一跟我见面。

我们聊了一个多小时。马化腾回腾讯就说："谁说李国庆不好打交道？非常讲道理啊，我觉得当当非常好！"

马化腾说完后，腾讯分管投资并购业务的彭志坚就来了："你们要什么估值都行，投！"

当时腾讯还没微信，但是 QQ 有流量，马化腾说："我们作为战略投资人，只要你让我占到三分之一的股份，腾讯 QQ 的流量免费给你当当。"

这时候我这老实人的性格又来了。在跟马化腾通话的时候，我说：“别别别，你们家就是靠广告和游戏挣钱，白给流量不合适，你就给我刊例价的三折以下。别占三分之一股份，占四分之一行不行？”

马化腾马上说：“让我占当当 25% 股份也行，就视同我的公司了。”

多好的条件，可惜后来我们拒绝了。

他们分管投资的负责人到当当来说要投我们，而且把他们投的“好乐买”及不同百货领域的平台都并给当当，结果还是被我们拒绝了。

第四个错误：错失了战略资本入局

2016 年，当当宣布私有化，从美国退市。得到消息后很多公司都闻风而来，阿里、京东都派人来谈了，要占当当的股份，他们要占股四分之一以上甚至到 49%。

两家争我，你看多好的势头！结果我们内部讨论说，好不容易当当可以盈利了，不要陷于价格战，当两个巨头的马前卒。

于是当当管理层 7 个人投票，6 个人都不同意让阿里或京东进来，当当又失去一次战略投资的机会。

第五个错误：过早上市

当当彼时私募比上市的估值还高，钱还多，为什么过早上市？当当上市的结果是财务和战略赤裸裸地被曝光，然后我们的心态就被华尔街季报左右着，就不能够干我认为正确的事儿，上市后，当当每个季度的财务报表都得有一个上涨的曲线才能让华尔街满意。

华尔街对阿里、京东却不这么要求，人家可以亏，怎么到当当就销售额必须上涨不能亏损呢？

当时遇到了这样的股票持有者，导致我们整个的战略都迷失了。接下来，看看我们的融资有哪些地方是做得好的。

第一个成功：拒绝亚马逊的收购

2004 年我没有把当当卖给亚马逊。和亚马逊谈判时，对方要求我们必须出让 70% 的股份，最好能出让 100% 的股份。亚马逊出价 1.5 亿美元，并且说你们要不答应，价格可以给到 2 亿美元。我们拒绝了对方的收购条件，说那就梦断 2 亿美元吧。最终我们还是拒绝了对方的收购条件。

当时新浪 CEO 跑我们家来说："赶紧卖了吧，你看我们新浪上市的时候股价七八块钱，现在一股一块八毛钱，给我们的期权都打水漂了。亚马逊出 2 亿美元收购当当，分到你手里就有 1 亿美元，再干点什么不行呀？直接退休也行啊！"

好多朋友都劝我，认为我疯了，这还不卖？

当时当当的其他三个股东也想卖，但我说服他们改变了想法。我说给我三年，保证当当能够获得 3 亿美元融资。就算最后融不到钱，最坏的结果还是可以把当当卖给亚马逊。为什么当时当当没有卖给亚马逊？不是舍不得卖，而是我算了笔账，觉得当时对方出价

1.5 亿到 2 亿美元，有点低了。如果对方给我们的估值是当当销售额的十几倍，那这次收购谈判就能成功。我的信心来自哪儿呢？信心来自我对这个行业价值认知比较全面，我了解中国图书出版业上中下游有什么样的困境，当当能解决什么问题，我都给算清楚了，所以我觉得在高速发展的时期，当当未来会高歌猛进，即使没有亚马逊收购，未来当当也能卖个好价钱。现在看，果然不用三年，两年后当当的估值就有 3 亿美元了。三年后当当上市，市值有 10 亿美元。上市半年后又达到 15 亿美元的市值。

这就是我们第一个成功的地方。

第二个成功：手握超级投票权

当当第一轮融资，我就有超级投票权。什么叫超级投票权？别看第一轮融资后我只占当当 30% 的股份，但是我在当当一票顶十票。拿到超级投票权并不复杂，很多小创业者如果收到了朋友或者天使投资人的钱，都会提前约定，如果遇到重大事项，哪些事我说了算。投资人之所以愿意放弃股东的很多权利，是因为投资人看好你的商业模式，看好你的团队，看好创始人的人品操守，这样投资人才会给你超级投票权。很多创始人就是因为过早融资又没有超级投票权，结果失去了公司的重大决策权，败走麦城。

京东一上市大家看到了，刘强东同样也有超级投票权。这也解决了好多人说的股权问题：我没那么多钱，我也要不了那么高的干股，我这个首席创始人没有决策权怎么办？

第三个成功：私有化。

我们带着团队通过 MBO（管理层收购）回购股权，用借债的方式质押当当股权，借了 10 亿元人民币，然后把散在美国股票市场的超过 60% 的股份收回，使我们家的股份占比从 32% 变成了 92.5%。

可以说，当当用借债的方式成功完成了私有化。

很多人想在当当私有化以后成为当当股东，他们说“你们不是缺钱嘛，我们三家基金跟你一凑，这样你们不需要借债”但在我看来，如果有把握的话，借债是成本最低的。借债你只需要付利息，而让人家入股，那今后你得给人家分红，增值部分你得给人家分蛋糕。当然，借债的前提是，你非常看好这个企业的发展，那么借债成本是最低的，否则借债成本就变成最高的了，所以要算清这个账。

第七章

铁打的营盘流水的兵：反思用人上的得失

团队是一个企业成功的灵魂。激励政策设置得越好，你的团队发挥的价值就越大。

用空降高管还是“子弟兵”，这是创业公司在扩张中都会面临的问题。

当当经历了三轮高管更替。第一轮是当当刚成立，要组建豪华团队，团队成员包括贝塔斯曼的 CTO、微软（中国）的市场总监、可口可乐的副总等。采购就是我和王曦、姚丹骞等人组成的老班底。

我们第一轮高管空降的时候，遇到了 2000 年美国互联网泡沫。2001 年，这批空降高管全走光了。于是我带着最基层的团队，重新开始打拼。

2004 年，当当第二轮招高管。

最后在上市前，我们又搭建了一轮高管团队。

2004 年到 2009 年，这五年间的高管对当当上市发挥了巨大作用。

这期间的 COO（首席运营官）黄若是来自淘宝商城的总经理，CTO 熊长青来自卓越，后来我们的 CTO 戴修宪（Hubert）来自美国 eBay，CFO 杨嘉宏（Conor Yang）很不得了，后来途牛等几个公司的融资都是他去当 CFO 期间发生的。还有来自物美的全国采购总监裴彦鹏，以及分管市场的来自新浪的市场总监陈腾华等，都是我们的空降高管。

当当迅速成长的时期，也是当当图书业务突飞猛进的时期。

在用空降高管还是子弟兵上，我有一些心得。

第一，对空降的合伙人股权激励不足。

这么多空降高管，每人大概就占 0.2% 的股权，占股最多的是 CFO、CTO，他们也才占到 1.5% 的股权。所有高管的股权加起来是 6%。可以说，始终就没有一个合伙人占到我们股权的 5%~8%。

后来，果然问题就来了。

我们非常看重的裴彦鹏有自己的面包房，干了一年就想辞职去做自己的生意，因为那挣的是自己的钱。

熊长青创业心不死，要做互联网，创办互联网公司。

杨嘉宏在公司完成上市后就走了，到别的想要上市的公司那儿去做 CFO 了。

他们之所以会离开，就是因为股权激励不足，他们在当当无法发挥更大的价值。

对空降合伙人股权激励怎么才算足够呢？初创公司，要想激励团队，创始人占股 51%，剩下 49% 的股份都该给管理团队；如果公司临近上市了，每人给一到五个点的股份就够。当然股权分配的比例也跟公司的规模有关，盘子越大，比例就越没那么重要。

第二，我们过分看重高管的经验值，而没有看到他们的雄心壮志。

我们曾经有过充满雄心壮志的团队，却没有把他们牢牢抓住，把重点放在了找专业精英上，而创业需要不断地跨界，需要团队有雄心壮志。

比如，在没做当当的时候，我有一个合伙人叫岳尔敦，有雄心壮志，是我北大的师弟，比我低一级，没有把他招来，我很遗憾。

再比如，当当的前身叫科文书业公司，董事长是我，总经理是李斌，也就是后来蔚来汽车的创始人。李斌在科文干了两年，自己创业去了。当当拿到融资以后，为什么不能把李斌请回来？给人家 0.5% 的股份人家不来，给人家 2% 的股份来不来呢？给 8% 的股份来不来？给 15% 来不来？如果李斌留在当当，可能今天当当的格局就完全不一样了。而有意思的是，当当前两年的盘子，骨干人员还都是他带出来的。

再比如王曦，中国几大民营书店的重要创始人，也是我北大的师弟，现在在早晚读书做常务副总经理兼总编辑。王曦在当当三进三出，加起来八年，非常有魄力，非常有破局的能力。他为什么三进三出？还是不甘心，要自己创业。为什么创业？在当当挣的钱太少，不是工资低，是股权激励不足。

不只如此，还有华润万家的 COO 王敬，我早年做出版的搭档纪小遇，出版业的程三国、陈年等，这些人才我们都没有留住。

对于那些有雄心壮志的人，我们没为他们设计好股权激励制度。

另外就是我们过分关注经验值。其实高级合伙人，我们首先应该看他的雄心和事业心，而不是过分关注经验值。至于经验值和专业度，我们可以依靠企业的中层和基层。

第三，忽视了内部提拔。

在公司内部成长起来的子弟兵，无论是从工资待遇还是职业晋升方面来看，我们都没有给出足够的上升空间。

等第三轮高管陆续走了，我们才把这批人才提拔起来，而这些人大多已经为公司效力十五年之久了。

所以，内部提拔太慢了。像当当后来的高级总裁姚丹骞、王曦，还有邓一飞，也就是现在优酷的副总，把服装做起来了。还有包括我们移动互联网事业部的马明泽、人力资源部的白怀志等人，都提拔得太慢了。

我们既忽视了内部提拔，也没做到提拔后给人家涨薪，股权激励不配套，未能充分挖掘和发展团队内部的潜力。

第四，夫妻店与合伙人班子的搭建。

在中国，夫妻店是比较主流的创业模式，后期可以转型为职业经理人管理模式。夫妻店最忌势均力敌。无论是男方还是女方，得有一方拥有绝对的话语权。而我们势均力敌，动不动就在用人的问题上产生分歧，有时候都闹到董事会上。

当然，在团队建设方面，我们也有一些成功的经验。成功的地方在哪儿呢？

首先，我们的师徒制是成功的。出版业本身在经营管理上是偏落后的，因为出版业主要以国企为主，缺乏好的管理经验，师徒制让我们把内部来自出版业的基层人士都带出来了。这些人后来有很多都能顶大梁。

其次，我们的中层人员还是很专业的，我们培养了一批有经验的中层干部。

再次，经过三轮空降高管，我们终于幡然醒悟，开始内部提拔人才，没有让这些人才再度流失。

最后，我们解决了空降高管与内部人才薪酬不一致的问题。经常有人抱怨，我们自己培养的副总，才 80 万元年薪，而外部挖一个高管就要 180 万元年薪，会有很多不公平在里面，那我们就要处理这个不公平问题。我用三年时间把这个不一致问题彻底解决了。

在公司成立第五个年头的时候，我们出台了股权激励方案，拿出 15% 的股权给团队。为什么要这么做呢？

2004 年经过一轮风浪，当当在图书品类站稳了脚跟，我们手里的钱也有富余。这时候，我们挖人是为了再上一个台阶，准备通过三五年的努力把公司做到上市。有了这个预期，我们咨询了两个人，然后决定拿出 15% 的股权给团队。

第一个咨询是何海文，曾经担任网易的 CFO，她是我很尊敬的人。何海文后来去了百度，最近这两年在百度做战略顾问。那时候她跟我说："以你们当当现在这个规模和未来的预期，创始人拿出 15% 的股份算是比较大方的。"

第二个是当时的新浪 CEO 汪延，他来我们公司对我们高管团队的 8 个人讲，他认为拿出 15% 的股权是比较大方的。

于是我们就拿出 15% 的股权给高管团队。

直到写这本书的时候我才意识到，当时他们为什么会这么说。

我记得一些著名的咨询公司比如麦肯锡、波士顿、罗兰贝格的牛人曾经跟我说："咨询公司的工作有一半是帮你摆平办公室政治。"我一个月前才突然悟到，原来他俩是在帮我说服管理团队，摁住他们的预期和期望值，让他们不要狮子大开口。因为我们没有单独请教他俩，要拿出多少股权比较合适，所以给团队 15% 的股权可能并不是真的合理。

不管怎么说，15% 的股权激励确实也起到了效果。虽然高管之间矛盾重重，但是大家有一个共同的目标——发财。当然，光靠股权激励这还不够，团队肯定还有一些共同的价值观，要不然早散伙了。

讲一个笑话，说一说企业共享价值观有多难。我们的 CTO 戴修宪先生嫌我们大厦的厕所不卫生，他从来不在大厦里上厕所，每次都得打车回家。我们分管市场的副总陈腾华，清华毕业后去了宝洁，后来到我这儿，也嫌我们的厕所脏，说我们用的除味剂气味刺鼻。于是他跟分管财务行政的蒋敬说了这件事。

结果蒋敬说："刺鼻怎么了？就这样！"

可见，小到一个厕所的问题，大到企业战略，公司内部都会有很多争议，更别说价值观了。但是这个团队没有被打散，可见股权激励对团队凝聚力是多么重要。

虽然我们拿出了 15% 的股权给团队，但在这 15% 的股权中，核心管理层才占到 6%，剩下的 9% 都给了中层和基层骨干。

现在看来，这样做也是不对的。我们应该将这 15% 股权中的三分之二甚至更多给到核心管理层，再将剩余的股权留给中层和基层骨干。

当然，话又说回来，谁是那个铁打的营盘呢？应该说是始终跟着我们的那些由基层变中层、由中层变高层的子弟兵。你看，当初给这些人的股权比例多从某种角度来说也是对的。

中层和基层得到的激励多，所以他们很稳定。高层得到的激励不足，流动率就高。

我们上市以后市值管理不好，股价又狂跌。

这个时候我们给大家新发的期权经常变成废纸，没起到激励作用。而这时候，我们又没有一个大的股份额给大家发，所以大家已经没有积极性了。

而私有化以后的股权激励，我们也有非常激烈的争论，我坚持用 15% 的股权来激励员工。后来的结果是，我们给现有人员发了 6.5% 的股权，剩下的 8.5% 的股权计划留给新增的人。私有化的目的是再次扩张、再次出发，结果，这 8.5% 的股权没有发出去，就留在我们手里了。

所以，在私有化后我们家反而一股独大。作为一个互联网公司，我们对智力资本依赖性很高，我们家占 92.5% 的股份，这真是个大问题。

·第三部分·

成事：找的人对了，事就成了一半

现代企业的竞争已经不是怎么雇人，而是怎么找到合伙人。找到愿意跟你一起打天下的人，用事业心驱动他去成长。

团队第一，产品第二，只有优秀团队，才能做出优秀的产品。

雷军说，他在创立小米的第一年，大部分时间都在寻找好的合伙人。

在创业初期，选择团队成员是至关重要的一环。无论你的创意有多么杰出，如果没有一个激情四射、团结一心的团队，风险将大大增加。我很幸运在当当网创立之初就遇到一群优秀的伙伴。

人的兴趣决定了创业的方向，但光有兴趣还不够，在创业过程中，我们难免会遭遇一些困境和挫折，这时候，团队的凝聚力和领导者的坚定信念显得尤为关键。我们曾经在市场风暴中摇摆不定，但团队紧密合作，群策群力，最终渡过难关。

曾经的成功经验未必适用于现在，市场的需求也在不断演变。

我们注重培养员工的学习意愿和创新精神的同时，还需要从外部找到合适的人来帮助公司继续前进，鼓励他们勇于尝试新思路，追求卓越。

第八章

合伙人：天才之想和洞察力

一个人适不适合创业，最重要的是事业心，其次是洞察力。

第一节　合伙人的选择有讲究

现在不是雇人的时代了，是找合伙人的时代。

什么叫合伙人？现在流行泛合伙人化，我们早晚读书也是，省代理叫合伙人，地市代理也叫合伙人，还有一般推广也叫合伙人。

合伙人的准确定义是公司的核心管理层，准确地说，合伙人应该是公司的前三号人物。如果是一个 100 人以下的公司，前三号人物就决定了这个公司的命运。我在当当最大的教训就是，当当上市前管理团队占 15% 的股份，我们两口子占 35% 的股份，其他投资人占到了 50% 的股份。管理团队占 15% 的股份太少了，而且这

15% 的股份被 75 人分走，就没找到第二号和第三号人物，这严重抑制了当当的发展。我们非常欣赏的副总，在当当做得很好了，结果要辞职创业去。

如果合伙人这个池子是 100% 的股份，不算投资人的比例，只有当一个人拿到 20% 以上的股份时，这个人才算合伙人。也就是说，一家企业占股最多的这三五个人，就是企业的合伙人。

雷军创办小米时找的合伙人林斌，是很资深的软件研发专家，原来在微软和谷歌干过。从加入小米到小米上市，今天他还在小米占 10% 的股份，跟雷军都快旗鼓相当了。同样地，王慧文在美团也是合伙人，退休后拿到很大一笔钱。所以，你要把对方当合伙人，就要给足股权，否则你不但怕人家抢资源，而且怕人家自立门户。

大家都知道，合伙人很重要。那么，我们应该找什么样的合伙人呢？很多初创企业在选择合伙人的时候都遇到过这样的问题，就是这个合伙人说他有资源，能给企业带来资源，甚至还有人说，有几个大客户都是他哥们儿，没有他这个企业就做不成。请注意，如果你是公司老大，离了其他合伙人你就做不成，那你趁早关门，或者你让人家当老大。

所以，在选择合伙人时，对方手里的资源不是第一位的，而且话说回来，合伙人承诺了一大堆资源结果都没兑现的情况比比皆是。

我觉得找合伙人可以从以下几方面入手。

坚信“一万小时理论”，但经验不能照搬

我们找合伙人，经验重要不重要？早年，我坚信没有九万小时经验不行，一个人至少要在某个领域泡八年，无论是在上游、中游、下游都行，但必须有八年经验。可是现在好多新兴的行业从诞生到现在都还没有八年之久，比如直播带货，所以对合伙人的相关工作年限上也不能卡得太死。

阿里巴巴在这方面似乎不在乎经验，它强调的是学习能力，还说经验容易形成路径依赖，我不同意这种观点。家乐福对品类采购的要求是必须要有相关的经验，一个做生鲜的人，想去做临时的炒货，是不被允许转岗的。一个部门负责人下边管软百货[1]、硬百货[2]、服装、服饰这四个品类，如果你没有在两个品类中各干三年以上的经验，是不能当部门总监的——这是家乐福的要求。沃尔玛呢？沃尔玛不看重品类经验，所以人员对业务的理解就差一些。当当在发展百货的时候，一般不会去挖沃尔玛的人。当然，沃尔玛有平台有系统，对人员经验的要求就没那么高。

所以，合伙人经验要有，但在创业公司照搬经验是不行的。

---

[1] 软百货：百货行业用语，如床上用品等。和硬百货并没有十分清晰的分界线，根据投行分析师格雷格·梅里奇的说法，如果商品扔到人身上会明显感到疼痛的，可能就是硬百货。

[2] 硬百货：百货行业术语，如家居用品、电子产品和家具等。

合伙人必须要有像海绵一样的学习力，不断进化

进取心和学习能力是一种独特的综合素质，能够让人不断地进化。我喜欢打破砂锅问到底，所以很多人都不爱跟我聊天，从高中开始就是如此，别人问我，你怎么那么多为什么？这一顿午饭你问了十个为什么。没办法，到现在我也改不了。请人吃饭，我一定不会让他感到无聊。我一定会找个时间段，让每人说说自己现在在干吗，说说他对业务有没有新的感悟。本来大家都互相不熟悉，在一起吃顿饭就是要互相交流学习，否则单纯吃顿饭有什么意思呢？

合伙人除了要有学习力外，比较重要的还有他的价值观。阿里强调价值观，价值观看什么呢？第一，态度，有人把学习能力融入到态度里，其实那是一个了不起的技能；第二，勤奋度，核心高管要看他是否有事业心，想不想干一番事业。中层看进取心，基层看责任心。

初创公司挖来的一定是业务骨干，尤其是国有公司或大公司的业务尖子，年轻有为的，可以破格提拔。如果非要挖大公司的高管，一定要选对公司，怎么选呢？这家公司是你现有规模的四五倍最合适。

当年当当选物流总监，把上海新华书店的物流总监挖来了。我的人力资源总监吓坏了，第一，这个人来自国企；第二，这个人就在一家公司工作过；第三，年龄比较大，57 岁了。刚开始其他人还有些担心他能不能胜任工作，没想到，结果很不错。他来之前，我们的库房在拣货、选货时经常找不着货，满足率才 97.5%，这意

味着有 2.5% 的顾客的货找不着，还得给客户退款。他来之后把满足率从 97.5% 提升到 99.6%，一个月时间，人均产出提高了 3 倍。

那我当初看中他什么了呢？面试他的时候，我说："您在大公司用 IBM 的系统，人家有钱，政府还有补贴。我这儿都是自己开发的破系统，您能适应吗？"他跟我说："台账我都干过，管物流，没系统我也能干。"我又跟他说："您之前的公司物流中心有自动叉车机，我这儿全是手工活儿，您还能调动起这技能吗？"他说没问题。

好，那我怎么考察他的事业心呢？一个快退休的人，待在国企养老不好吗？他非常有学识和才干，是这个行业里的专家，数学极好，但是在上海新华书店得不到提拔，常年怀才不遇。我也纳闷，为什么他没被提为副总？后来我才知道，原来他说话直截了当，不管是部下还是上司，说话不留情面，得罪了不少人。

但是他想干一番事业，他认同电商是今后中国图书销售的主要渠道。然后他来了，而且工作做得很好，那业绩令人刮目相看。

当然，他要的东西也有了，期权也变现了，然后上市也敲了钟了，名利都得到了。五年后，因为夫妻长期两地分居，他选择回家跟老婆团聚。很难过的是前年他去世了。离开当当后，我还将他推荐给麦考林当顾问，给天猫当物流顾问。这就是不拘一格选拔人。

除了事业心，还要有洞察力

如何选择公司核心人物？我有一个非常重要的标准。

如果创业只是玩玩，或者是因为找不到好工作然后出来创业，这是不行的。

如果你连一份好工作都找不着，创业肯定会失败的。因为你创业要推销的是一个产品，比你去求份工作要复杂和难得多。一个人适合不适合创业（或者当合伙人），我觉得最重要的是事业心，其次是洞察力和逻辑感。为什么一些跨国公司在招聘的时候喜欢出些智力题，就是看你的逻辑思维能力，你的答案可以是错的，但他要看你想这个问题的方法。比如他会问你：东京每天有多少人坐地铁？其实这个问题没有标准答案，也不需要准确的答案，他就看你用什么方法去解决这个问题。

而在选择合伙人的时候，我们除了要看他是否有事业心，第二个就是看他是否具备洞察力。也就是说，要看这个人是否具有看透用户或者产品本质的能力。有人说了，他原来不是干这行的，不一定有经验。没关系，如果他没经验，他只需提出问题，找对人去求证这些问题，这就叫洞察力。

所以我们老说我们的大学教育要改进，其实中学教育也要改进，要有对问题进行探究的教学方法，要培养出能够创新、能够研究问题的学生，而不是只有知识储备的人形 U 盘。

我接触过很多创业者，经常发现他们身上有这样那样的问题，总觉得他们是不是什么课听多了，脑子里有好多条条框框。比如让他评价一个领域，问他对快餐业怎么看，或者对盲盒的发展怎么看。猛一听还行，一细听，发现都是别人嚼过的二手观点，没有自己的思想。所以在选合伙人时，我主要看他是否有求异思维。我总爱问这么一个问题，那就是，他对他所做的事情，与竞争对手或者用户相比，他的劣势是什么？一家公司之所以成功抓住了用户，到底做对了什么？我觉得是这种洞察力里面的求异能力，这种对事物的思考就是他的核心竞争力。当然，这就是所谓的天才之想，也就是说，这个人要对所从事的事，有非常闪光的见地。

扎克伯格创业的时候想在哈佛给学生创造一个社交平台，因为他当时没有多少钱，所以先拿一个小的学校去做试验。美国的创业公司，首轮融资能拿到的钱也就是几十万美元。测试完，然后在真正开发这个平台之前，还得做调查问卷，一个个地去问同学——有这么一个东西你需要吗？那是真拿着问卷到校园里到处问，用假设去求证，然后做试验。

《精益创业》这本书里也反复讲到这种求异的思维。这是我看得非常重要的选择合伙人或者搭班子的标准。

第二节　定规矩，做好权力分配

别搞民主作风，就是一个人拍板

在找核心骨干的时候，经常有人提问，朋友、亲戚、同学合伙创业怎么管理？特别是初创时期，你不知道要找什么样的人搭班子，往往是和朋友、亲戚、同学合伙办公司，怎么管理呢？我觉得，创业与生活要分开，不管咱们私下关系有多好，工作中要规定最后的决策权在我，我一旦做了决定你就得执行。当当初创的时候，有的同学想投奔我，被我拒绝了，同学脸皮薄，我爱吼人，爱训人，我一训他，他根本无法忍受。所以，一定要先把规矩定好。我早期创业，我的两个姐姐、姐夫、一个哥哥都在我公司工作，其实很不好，但是我在管理上是有章法的，也立了规矩，所以没什么大问题。

不管朋友、同学、亲戚，还是重要的合伙人，很多事情的决策可以集体讨论，但权力的分配一定要由一个人做主。为什么很多北大出身的同学办公司都不怎么成功？可能跟北大的民主作风有关。所以，创业公司一定要有一个人拍板，而不是很多人集体决策。早年新东方就是这样，王强、徐小平、俞敏洪谁也不服谁，这三个人都是北大的，那时候都没学过企业管理，也不懂企业管理，所以总是为此吵架。我创业时，顾问想拍板，我坚决骂回去了，结果他从此恨上我了。

有人说，是不是谁股份多谁说了算？不是的，刘强东在京东只有 10% 的股份，但他在董事会上一票顶十票，我在当当也是，一票顶十票。初创公司，投资人不能按股份比例投票，决定这个公司的经营发展方向。也就是说，投资人要把投票权给创始人，否则就别当投资人。

回到团队来说，团队核心的这几个人，也不是谁出钱多谁说了算，这要作为融资条件写进合同里，权力的分配一定要说清楚，当然这里边有决策流程。我在早晚读书上讲过《原则》这本书，《原则》里最核心的内容是讲生活的选择和工作中的决策。决策怎么择优，我用一句话把《原则》这50万字给你说清了，就是民主集中制。民主集中制就是先让大家表决投票，投票的方法叫加权投票，不是一人一票，按重要性，谁过去在这件事情上该有更多发言权，给他一个更高的权重投票，然后这个项目的负责人，或者这个分管领域的负责人有最后一票决定制。民主先投了票，最后这票要有一票否决权，也要有一票拍板的权力。这个权力的分配跟决策是有机结合的。

宽度不够，一定会越管越乱

很多初创公司的一把手没做好组织分工这件事。我见过这样的初创公司，一个总经理手下有两个副总，也就是两个报告点，这根本就不是创业公司的组织设计。按照管理教科书来说，总经理下面应该有五个报告点，分别是运营、物流、销售、人力资源、财务。

如果总经理下面只有两个报告点，会导致总经理跟副总在很多工作上争论不清。为什么要争论？当当前身我就是总经理，我下面有两个副总，公司总共就50个人。结果发现，我的指示贯彻不下去，我找两个副总开完会，回头他们说，国庆说什么咱就听着，过后他就忘了。后来一个副总当了中国某国有出版集团的老大，正局级干部，现在退休了。当时他就老阻挠我，说公司每年好不容易挣200万元利润，挺好的，别老扩张，扩张失败赔了怎么办？其实他的分红就10%，但即使这样，他也挺知足了。他没有事业心。

理论是，创始人的宽度和深度决定公司能走多远，如果创始人宽度不够，一定会越级管理，这样公司就乱了。绕过副总，越级下指示，你有没有干过这样的事？因为你发现副总没接受你的观点，你就绕开他去找他的部下开会去了，这样就坏了。我在当当就是这样，从来不干越级下指示的事儿。比如在厕所遇到了跟我隔级的下属，无论他问了什么问题，我都会说，回去向你的副总或者你的经理报告，或者给他们写个邮件然后抄送我。

如果新接管一个部门，这个部门原来的领导走了，那么这时候正是你跟每个人挨个谈话的机会。我有朋友去亚信当总裁，入职第一个月就跟公司的 200 多人挨个谈了一遍，这么多人每人谈一个小时，全面了解公司情况，因为以后就没这机会了。

讲完宽度，接着讲深度。参加部门会议，你可以让副总召集部门同事一起开会，你可以发表意见，一级听一级，讨论无禁区，但是执行一定要有纪律，下面的人必须要听直接上司的话。如果你的上司和你的上司的上司下的指示不一样，你可以提示你的上司说，你跟老大昨天会议上讲的不一致。那你的上司会怎么说？如果他明确说是一致的，是你理解错了，那你就听他的。你也可以跟他说，如果我执行完老大要怪罪下来，请你替我扛着。

小公司，因人设事

有一年新浪的 CEO 汪延告诉我，他累得快吐血了，当时他 35 岁。那时候新浪股价也起不来，惨淡经营着，他手底下总共有 13

个报告点，给他累坏了。在当当也是，我长期有 12 个报告点，每天要处理各种事情，特别累，影响了战略思考，用执行中的勤奋掩盖了战略上的懒惰。

我觉得 8 个报告点是最佳的。在当当，比扁平化重要的是减少报告点，我要求每一级的报告点不能多于 6 个。如果你总共就 6 个人，那你就得扁平化；如果你总共就 4 个人，那我就把你跟另外一个业务相近的部门合并了。只要坚持每一级必须有 6 个报告点，你就会发现，公司高度扁平化了。

结果，当当的物流部刚改完半年，他们又变回原来的样子了，有一年我去物流部调研，给我气得不行。每个店总（我们管每个店的管理者叫店总或物流总监）下边有 6 个经理，每个经理下边有 3 个主管，每个主管下边有 3 个领班，大家注意到了吧，这怎么可以呢？我不要求你每个经理管 10 个主管就不错了，因为好多是轮班主管，你凭什么就管 3 个主管？结果一拆开自然扁平，这就是组织行为设计的宽度和深度。

那么，要拆哪个部门呢？哪个部门该拆呢？这就是学问，人力和财务不要是一个人。中国这些互联网企业为了上市弄一个 CFO，这个 CFO 也管人力，果然这家公司的人力就搞不好。好的公司都是老大直接管人力资源，百度以前的 CFO 就说，哪有什么都会的 CFO？ CFO 管什么的？管三块——帮你控制内部成本、预算；协助你融资谈判，谈估值；帮你总揽财务。

公司是因事设人还是因人设事？小公司，因人设事，别听那些管理培训公司说的。给你三年时间，你能做到因事设人，那是很难的。因人设事，山头林立，是正常的。部门之间的竞争，也是正常的，适度的竞争是必要的。

初创企业高管还要看经验值

投资人投一家公司，主要考察公司前五号人，他们会一一走访这些高管。我们董事会也是，前五号人物的任用与辞退，董事会会报批，但是董事会想要推荐权，特别是 CFO，他想要决定权，这一点我们坚决不同意。多数小公司都会向投资人妥协，但我们坚决不能让他们有决定权，后来他们说要有提名权，我仍然坚持不同意。在前五号人的聘用与辞退上，虽然我不给董事会提名权，但他们友情推荐是可以。

接下来，说业务骨干和中层。中层看重经验还是能力？在一些管理理论里面有一种模型：看高层管理者，经常是经验值占 30% 就行，70% 是其他，比如资源、事业心、勤奋度等等。中层的经验值占 60%，管理能力占 40%。在高层上我仍然坚持经验论，在我看来，初创公司的高层要有 70% 的经验值。在国外，一个化工集团的副总裁，可以到一个快消品集团担任副总裁；可口可乐的总裁，可以去 IBM 当总裁，这是大公司的玩法，人家靠数据决策，不是靠直觉。

不论早期公司选择合伙人，还是相对成熟的公司来找高管，我都强调经验要占 70%，其他还包括他的态度、创新力等等。为什么我坚持选人用人都采用经验论？因为大家看一个公司的发展，要找到其中的商业模式，就要把相关行业的上、中、下游价值重组。要找到用户新的需求，对应的人才也一定要在这行业里泡五年以上，就算是很有学习能力的人也需要从事相关行业半年以上，所以我很在乎经验。

第九章

搭班子带团队：老大不是那么好当的

得人才者得天下，什么都可以不争，人才不能不争。

第一节　责任心，进取心，事业心

不管基层、中层还是高层，都该看他的事业心

初创企业的选人、用人标准，往往是最难讲的。传统的观点认为，选人无外乎就是看经验，任职的岗位需要什么样的经验；看态度，态度分最近变得越来越重要，态度包括合作精神、进取心等等。那么，在用人、选人的标准中该用更有抱负心或者说更有野心的员工吗？

我身边就有这样的例子。有的年轻人大学刚毕业去初创公司应聘，在面试时说同样的话，结果命运完全不同。去的第一家公司，总经理和副总经理见了他后非常欣赏他，说他非常有抱负，有雄心壮志，正是我们需要的。去了另一家公司，也是总经理和副总经理见了他，之后，这俩人却说这个人我们不能用，为什么？说他有野心，早晚得跳槽，或者另起炉灶跟我们对着干，所以这样的人坚决不能用。同样的人同样的面试，结果得到完全不同的结论。

公司找有雄心壮志的员工是值得肯定的。可是，真正在执行中，很多公司又会犯这样的错误：这个人太有野心，今后早晚得创业，所以马上认为这样的人不能用，甚至这人都入职半年了，发现了这一点又给劝退了。这实在是有问题的。

我相信很多大公司，不会把自己当黄埔军校去培养一个一创业者吧。像宝洁这样的公司，更干脆，如果你有创业的打算，他们会建议求职者趁早别来。

那么我们初创企业到底该用什么样的人呢？

在研究创业公司应该用什么人的时候，企业管理界广泛认同的一个观点是：基层员工要看他的责任心强不强，中层要看他的进取心强不强，高层要看他的事业心强不强。

我不太认同上面这个观点，我认为创业公司不论是基层、中层还是高层，都该看他的事业心。因为我们创业公司，要想打败竞争对手，招的每一个人都应该是充满事业心的，用这种事业心驱动，员工才能真正跟企业创始人一起打天下。当遇到挑战和困境的时候，他以此为乐，这点是非常重要的。

我之前说过一句话，有远大目标的人才有巨大的热情和能量。所以我的观点是，作为创业公司，就是不能走那些大公司或成熟公司的老路，哪怕员工今后有一天去创业，哪怕他另立门户，但是只要他加入公司这一两年，推动公司成长和发展了，就是好的人才。

当然还有一个折中的观点。《创业维艰》的作者说你的所有员工都应该有适度的野心，这个野心跟你企业的发展要相匹配，如果他大大超过你企业发展的速度，那这样的人你是留不住的，你趁早也别招。他还说，如果野心过大，抱负心过大，这个人就会个人主义至上，会破坏团队的发展，这是折中派的观点。我的观点不变，正因为要创业，要杀出一片新天地，要在这一片红海中厮杀，为了胜利，每一个员工都需要充满事业心。

用有雄心壮志的员工，是我在当当早期创业时的成功法宝。哪怕一个高中毕业生，哪怕没上过好大学，在当当也能成为才俊。一个大二的学生听了我的讲座，被我招到公司，从市场部实习生做起，两年时间成为管理者，三年后辞职创业成功，后来当了上市公司的CEO——就是后来的科达总裁。这样的例子还有不少。

为此我要求把“雄心壮志”写进当当的企业文化。当当是“个人成就自我”的舞台，我旗帜鲜明地把这句话喊出去，结果我发现用这一句话能掩盖好多管理问题。我管理水平一般，没上过 MBA，也不太懂管理，加上我又是个糙人，经常训斥部下，但是我发现，大家不恨我，我振臂一呼，大家还是愿意跟着我做事。原因之一就是他们实现个人成长了，在当当能够取得成就，离开当当或创业，也能取得成就，所以这一点是我觉得屡试不爽的撒手锏。

说到用有抱负心或者有野心的人，我面临一个重要的选择。我到快手去直播，我的市场人员专门提醒我，现在“95 后”、“00 后”更关心个人的幸福，而不是成功和致富。结果，我请早晚读书获得“总经理认同奖”的 8 个人吃饭，吃饭的时候跟每个人聊他的家事，就更正了我一个重要的认知，谁说“95 后”、“00 后”只关心个人幸福不关心财务自由了？错！这里面有巨大的认知偏差，就像看到消费升级的人看不到别的地方消费降级一样。我们早晚读书招来的这批人，无一例外都是农村出来的“90 后”。我们的技术部开发人员，家里都有弟弟或妹妹，他们都有很强的斗志。他们不仅希望自己能在北京立住脚跟，还希望能拿到高薪，给家里一些补贴。可以说，他们渴望成功和财富，而且为此充满了斗志。他们的这种斗志和抱负，我相信能推动早晚读书的成长。这里我想说，如果老板觉得年轻人不适应职场，那么很可能不是年轻人的问题，而是你的管理制度没跟上时代。如果我们这些老人学不了新道，那就只能被淘汰。我曾经一再要求程序员在家办公，但是不要超过每周 60 个小时，结果他们每个人每天都工作 12 个小时，而且每人每天写的程序代码有 800 到 1000 行。微软、IBM 等大公司的程序员人均也就是 300 行，你看我们早晚读书都是人均 800 到 1000 行，这说明他们有很大的干劲啊！这就是我看到的分化。可能有一批“90 后”、“00 后”家境比较好，他们把个人幸福排在第一位，但是更多的、从农村里出来、上了大学走向城市的孩子，他们仍走在为成功和财富而奋斗的路上，他们既是后浪，也是前浪，奋斗是他们的主题词。

两到四年的工作经验最好

初创公司选普通员工是用更有经验的人还是完全没有经验的人呢？这是我遇到的问题，我相信很多小公司也都遇到过。

有的公司认为经验不重要，比如宝洁。宝洁拒绝从社会上招聘人，只招应届毕业生，从头培养，他们认为一个人一旦到其他公司工作了两年，头脑就被“污染”了。

再看麦当劳、肯德基招人，也根本不重视经验。若干年前，我有个姐姐是下岗人员，到麦当劳去打工，我就想她这个条件符合人家的标准吗？结果，只需三天培训，然后穿上他们的工服，系上个围裙，抹点口红，我这个姐姐完全大变样，言行举止很有麦当劳工作人员的风格，为什么呀？原来是他们有完整的培训手册。有培训部还不够，还有督导部，因为培训完了，培训部自己说员工能上岗了不行，还得有督导部的证明，然后还需要业务部的评估，这是加盟连锁公司的玩法。

宝洁更有意思，宝洁建议他们做市场营销的应届毕业生别乱看书。大家都知道，关于市场营销的书，市面上得有几十甚至上百本。宝洁规定只需要读一本《市场营销》，就是美国 MBA 教材的亚洲版，不读也没事，他们有一个一个的案例库，员工只需要去读案例库，然后入职后有两个月的培训期，剩下就是师父带徒弟，所以新人的经验值为零才好。

那么，上面几家公司不看经验值，我们初创公司要不要看经验值呢？因为我们有热情，有激情，有事业心，可以连轴转，是不是员工的经验值可以为零呢？无论从事什么行业，我都建议那些创始人招有相关经验的员工。凡是问我怎么融资的人，我都会告诉他们，如果你们没有干过这个行当，别贸然进来。你们谁都没干过，怎么能把它做好呢？一个出资人说，我们要开一个西餐馆，谁出的钱最多谁当总经理，然后再找一个经营过西餐馆的中层，或者是经营过西餐馆的大厨，搭一个团队就开始干。这样的团队可能投资人会喜欢，但如果创始人和合伙人都没干过西餐厅，那这是胡闹。

当当为什么在图书领域能打遍天下无敌手？很多人知道我领导的三场“战役”，第一个五年是大战淘宝，第二个五年是大战亚马逊，第三个五年是大战京东，我都屹立不倒。而且这三家公司投入了比当当高达 10 倍甚至 20 倍资金跟我竞争。那么我靠的是什么立于不败之地呢？是经验值。在办当当之前，我已经在图书赛道浸淫了十年左右，在图书方面有深厚的业务积累。有一次，福建电视台采访我，现场拿五本书挡着书名和出版社让我看，结果我猜对了其中四本是哪个出版社出的，这就是经验值。

初创公司要用有多少经验值的人呢？第一个，要选择有两到四年相同经验的，时间太长也不行，超过八年，人就容易故步自封，容易不思变革。很多岗位干八年和干四年其实区别不大。当然，如果有转岗和提升，那有八年工作经验就很牛。所以，我认为两到四年的工作经验是最好的，就比如你是做经管类图书出版或者视频的，那么你最好招一个做过经管类图书的人，没有做过这类书的你最好别招。原来在优酷做过亲子育儿类项目的人，到我这儿来应聘，我就问他为什么离职。人家说因为优酷觉得他亲子育儿做得好，想让他做少儿，他拒绝了。结果我们一拍即合，我说少儿跟亲子育儿是两码事，你还是得做你擅长的。所以，必须招有两到四年工作经验的人，这一点是我坚持的。

当然，如果你的公司是跨界的，有的岗位实在找不着有相同经验的人，那就找有相近经验的人。比如，当当早期也是个小公司，年销售额 1000 多万元，我们要找有相同经验的采购人员，似乎应该去新华书店挖人，但这些人很难招，为什么？因为新华书店是国有企业，在新华书店有一份稳定工作的人基本都不想冒这个风险来一家民营小公司工作，他们也不想博得更多收益，那我们该怎么办？我们就从图书的上游挖有相近工作经验的人，比如去挖在出版社做教辅出版的人，或者在出版社做教辅销售、管理书销售的人。后来在当当负责计算机类图书的采购总监，就是原来某著名出版社的计算机类图书编辑室主任。他在我们这儿创造了一个又一个奇迹。从这类人身上你能看到什么叫专业度、经验值。

小米现在这么牛，雷军当初是怎么选人的呢？不论是选高管还是选中层，对于经验值的匹配度，雷军的要求是非常高的。当然，经验值之外还有态度、合作精神、勤奋度、事业心等。他找到了一个个他想要的在经验值、专业度上都非常厉害的人，这是推动小米业绩大幅度增长的原因之一。

回到初创小公司这个话题上，我觉得初创小公司用人的第一个原则是，用两到四年的有相同工作经验的人，实在不行，就找有相近工作经验的。比如，我们原本要招一个做 java 的程序员，结果面试的这个人没做过 java，但他有相近工作经验，我们给他半年时间适应岗位，当然，这个人很聪明，仅仅花了三十天就学会了 java。

第二个原则是，挖二三流公司的优秀员工。有时候专业度考量起来是很难的，不管你出面试题，还是访谈、背景调查，都不一定能确定这个人是否合适。而且小公司在人力成本上经不起折腾，最好招一个成一个。大公司一年招 30 个人，有一半的成功率人家就觉得满意了，小公司玩得起吗？所以我给大家一条捷径，就挖二三流公司的优秀员工。不是小公司挖不起一流公司的优秀员工，而是因为一流公司的平台太好了，不好判断这个人是否优秀。比如我们都说阿里巴巴的人优秀，但是我们无法判断是这个人优秀，还是他那个平台太好。

我们在选人的时候怎么看待员工的专业度？在 MBA 课堂上有一张三角形图，基层员工经验值的匹配度要达到 80%，中层应该要达到 50%，高层有 30% 的匹配度就行。因为高层擅长管理，而且是大公司的管理，小公司玩不起。但在我看来，不管是基层、中层还是高层，都要看经验值的匹配度，至少要达到 80% 以上，100% 最好。

小公司千万不要挖大公司的骨干

要不要挖大公司的骨干？不管是挖高管还是挖中层，这个问题在创业公司充满了争论。我北大的学弟、拉卡拉的创始人孙陶然，是一个连续创业者，他在自己的著作《创业 36 条军规》中有一个很鲜明的观点：反对创业公司挖大公司的高管。这一点我完全赞成。

小公司挖大公司骨干就好比给三轮车装豪车轮胎，这是乱套。因为在这方面我有过痛苦的教训。

我举个例子。当当刚成立的时候，为了融资，我们搭了一个“梦之队”。“梦之队”的成员有来自贝塔斯曼的技术总监，有来自英特尔、可口可乐的人力资源副总，有来自微软（中国）的市场总监，还有来自某著名公司的副总。听着多棒，结果到了 2000 年，美国互联网泡沫破裂，这些高管纷纷出走，一年后就留下来自微软（中国）的市场总监。因为他跟我们是朋友，怕走了后我们太寒碜，就留下来了。

还有一点，从大公司挖来的高管往往对创始人没有忠诚度。

再举个例子，我在创立当当之前，做过医学出版、童书出版、管理出版、教辅出版。做教辅出版很赚钱，有一次我带着大二的学生做调研，调研对象是老师、学生和家长。我就问那些中小学的老师、学生和家长对现在的教辅书有什么看法，想要什么样的教辅书。我们跑了十几所学校做调研，最后我们发现，现在有个重大的市场空白，就是同步辅导与练习的缺失。我们抓住这个市场空白，一炮打响，当时我们科文的斑马教辅就做成了知名品牌。二十五年前，斑马教辅一年赚 800 万元。为了扩大规模，我就想从大公司挖高管，于是挖了个某教辅公司 52 岁的总经理，他在那家公司做教辅做到了中国前三。本来以为他一来，公司能够如虎添翼，结果却令人大跌眼镜。

他来主持的新版教辅、教材项目，从教学大纲到考试大纲全部做了改革，推出了一套全新版的教辅书，结果全砸手里了。他想做创新，就把高一物理学的力学知识放在初二的教辅书里，结果老师、学生、家长拿到书以后，发现跟教材不同步，纷纷不买账。他以为新的教辅改革会达到一炮而红的目的，结果并没有，现在想想，其实是他的想法太超前了。创新不仅仅是为了迎合市场，更需要紧跟教育体系的变革步伐。

更糟糕的是，他不仅没有意识到自己的做法是超前的，还在外边找不同的主编、编委会来做这套书。结果我们抽查质量的时候，发现错误非常多。为什么会这样？后来才知道，人家在原来那个公司当总经理，根本不参与选题策划，更不会跟作者、编委、主编沟通。所以你看，大公司的玩法跟初创企业根本不合拍。这个案例说明，大公司高管没有觉察用户需求的洞察力，不能觉察到用户的痛点。

记住，决定小公司生死存亡的关键是战略。战略决定成败，不是管理决定成败。做什么领域的业务，干什么事能赚钱，在这件事上，大公司高管回答不了，因为大公司高管分工很细。当时为了发展当当百货，我们招了沃尔玛的副总过来，结果发现，对方只知其然，不知其所以然，连为什么分工他都没认真想过。所以他们抓不住用户痛点。

另外，大公司高管容易产生职业经理人心态。职业经理人心态最致命的缺点不是没忠诚度，而是浅尝辄止，没有百折不挠的斗志，遇到事情稍微遇到点困难就退回来。另外，大公司高管还有一个更大的问题是，不好管理。比如谈业绩目标，你谈得过他吗？你想定500万元的销售目标，他会跟你聊这聊那，最终把目标定到100万元。在管理创始人期望值上，他比你水平高多了，如果定这么一个没有挑战性的目标，公司一定没有斗志。总而言之，茶杯小容不下满月的水，我们应该根据实际情况来招公司需要的人。注意，以上我们说的都是初创公司的问题。

我曾经给企业家论坛专门讲空降中、高管。在企业发展的第二个阶段，需要管理的正规化，这个时候我们可以考虑空降中、高管。

我经常说，创业初期关键是做正确的事，这个山头有金子，我们怎么把金子挖出来，别人花 1000 万元挖出来的，我们能不能花 800 万或者 600 万？这叫正确地做事。记住，初创公司不要去挖大公司高管。

那什么是大公司呢？比如，我在一个小县城开一家小超市，我的目标是进军大城市，要发展就要找到合适的高管，那在小县城不要去碰哪些公司的高管呢？在这个小县城，超过 500 人的公司对你而言就是个大公司，就是个正规化公司，你别去碰他们的人。如果他们有资源，你给资源股，让他们给你介绍供应链、供应商。如果他们会管理，你就让他们当顾问，让他们跟你们两三个创始人好好聊聊，付得起钱就付，付不起钱就付点股份，总之不能让他们加入你的创始团队。

善用精神激励

高薪挖人你会遇到几个坑。

第一，试错的成本太高。

你一个初创公司的创始人，驾驭得住风险吗？一旦高薪聘请来的人三个月后你发现他不合适，他可以拍屁股走人，但你已经支付了三个月的高薪，你又换一个人，结果发现还是这样，你试错的成本会很高。

第二，凡是用高薪挖来的人，他就是职业经理人，没有创始人心态和股东心态。

你这个公司的好与坏，他不关心。甚至对他来说，公司能否存活都是放在第二位的，他最关心的是每个月自己的收益，一旦发现公司不行了，第一个提出辞职的就是他。所以这是高薪挖人一个很重要的弊端。

第三，高薪挖人，你怎么跟你合伙创业的兄弟交代？

跟你合伙创业的兄弟一个月就拿 1 万元的薪水，而你高薪挖来的这个人，有可能拿走公司一年的利润。这时，你的公司内部一定会出现很多不一致的声音，团队就无法形成一个拳头。所以我反对高薪挖关键岗位的人才。

也许很多人会说，如果不用高薪挖人，招不来人怎么办呀？我没有花 160 万元年薪去挖高管，却用 3 万元月薪招来了淘宝总监，我怎么招来的？用股权。如果他压根儿不看重你的股权，这样的人你最好别用，因为他就没有创业心态。只要他看重你的股权，想跟你分享公司发展的红利，他就会来。当年有一个小创业公司做视频，想挖新浪的市场总监，给 5% 的股权，人家不来，其实人家的心理底线是 10% 到 15% 的股权。如果能给 10% 的股权，他就能接受现有工资砍半；如果能给 15% 的股权，他可以拿象征性的工资，够吃喝就行。我在当当早年挖 eBay 的架构师，从美国挖来，他要求的工资奖金是一年 400 万元，我不给。我说，对不起，我能给你的就是 3.5 万元一个月，够租房子的，够吃饭的，剩下你要多少股份比例，咱们可以谈这事儿。我跟他分析了一下当时公司达到什么规模了，大概要用几年上市，市场规模能做到多少，常规公司的 CTO 在这个阶段的薪水行情是多少，然后我跟他说，1% 到 5% 的股份咱们都能谈。就这样，我用股权的方式把他挖了过来。

如果你用股权挖人，而对方压根儿不看好股权，这样的人你趁早别用。因为他要么就是不想创业，要么就是根本不看好你。

好多人说，我们这初创公司没拿到天使投资，又没钱，挖不到人怎么办？

第一招，请牛人做顾问。有的创始人异想天开，说自己要招一个比自己牛的人，这不可能。一个初创公司，创始人就该当那个最牛的人和业务能手，如果你不行，那你就使劲儿提升自己的能力，别打算找一个人替你扛。我遇到过一个河北老板，原来开超市，在河北做得很成功，不管是小型超市、中型超市还是大型超市，他做得都很好，结果他二次创业要做房地产——盖住宅楼、写字楼。他就是用高薪挖人当总经理，结果三年换了三任总经理，全都不行。三年后他跟我感慨道:“咱就是撅着屁股干活的命，凭啥让人给咱卖命呢？”后来他自己从头学房地产知识，成长了。当然，他是请了大量的顾问才获得成长的。所以，你可以给这些牛人付咨询费，但别请他们到公司来。

第二招，善用精神的力量。如果你没有足够的钱挖人，你可以尝试三顾茅庐，用情感打动人。人的决策很多时候是非理性的，与其去讲很多道理，不如从情感角度出发去留人。可是我们好多创始人没有在找关键人才上这么下功夫，只忙着干活了，或者以为交给人力资源经理去挖就行，不是的！记住，初创公司可以没有人力资源经理，挖关键人才这件事，是这几个创始人要做的。

第三招，用商业模式打动对方。商业模式本质上就是公司怎么获得用户，怎么赚钱。你要把你的商业模式说给对方听，如果你说完以后，对方不来，那可能就是对方不看好你的商业模式。没挖到人没关系，商业模式不是固定的，会在公司发展中不断变化。你跟这些高手讨论商业模式，利用招人的过程修正你的商业模式，你还一分钱没花，非常值得。一旦商业模式得到修正，人不就来了吗？

第二节　管理就是通过别人获得结果

授权给别人，就要让他有知情权

越有能力的员工越需要授权，我单独把授权当作第二大制胜心法来跟大家分享。我给下属讲过《管理学》这本 MBA 教科书，这本书中的一个观点我非常认同：如果你还是忙于做事而不是授权，那么你就不是真正在带团队和管理一个组织。管理就是通过别人获得结果。

我儿子小学二年级的时候就知道，管理就是把活儿派出去。如果把活儿派出去却不给人权力，不就等同于让一个战士上战场而不给他枪，那他能做成事情吗？很多管理学的书上都讲授权，讲到授权的时候经常就是一小节，甚至就一段话。

我翻了三十多本讲管理学的书找关于授权的知识，居然没找到相关的论述。接下来我给你展开讲讲怎么授权。

授权，首先得让人有知情权。越是善于授权的企业，越应该信息开放。当然，过分开放容易泄密，会被竞争对手捕捉信息，但我仍坚持要做到信息开放。因为竞争对手模仿你是滞后的，而且竞争对手公司情况跟你不一样，不可能全面复制你的商业模式来获得成功，何况现在的市场竞争变化这么大，你用这招吃到了红利，别人比你慢，未必也能靠这招吃到红利。所以，你需要不断地创造新的东西保持领先，保持信息开放，保持一定的透明度。我办早晚读书，我们的财务数据、各种持股数据都向大家开放，我们的副总、经理、总监都很惊讶。但是，大家会觉得自己能了解到公司的动态，这也是很好的。

那么，怎样才能让明星员工甚至让所有的员工参与到公司的决策中呢？好多新上任的管理者觉得自己以前是优秀的业务员，自己的方法是对的，所以不让他人参与讨论，只管让下面的人按他说的去做。这实际上是没有做到授权。让下属参与的最好办法就是在会议讨论中形成决策。我们看到，有一些人干了十几年的经理，总觉得自己的决策是对的，他把会议变成了宣布他决定的场合，即使让人讨论，也不过流于形式，最终还是为了让他人接受他预先准备好的那个结论。这种会议是低效的，这种决策方式是错误的。

我一直推崇通过讨论形成决策，比如说事先有方案 A、方案 B，一般的做法是大家投票，高级的做法是让基层员工也参与讨论。因为这些基层员工在最前线工作，他们的情报最多。最好的讨论是在方案 A、方案 B 的基础上进行调整，然后不自觉地形成一个方案 C，这个方案 C 可能就是最佳的决策，因为这个决策是靠大家参与制定的。所以，团队中谁是那个决策者呢？第一个十年，我常以为自己就是那个决策者，我觉得自己在商战中摸爬滚打，肯定比下属知道的信息更多，所以每次都是由我来做决策，下属只有执行的份儿。到了第二个十年我才发现，在这种团队的讨论中，不同的专题、不同的事项，最终会形成一个更好的决策。

好的领导是主持人

作为创业者，我参加过几次名为领袖工作的培训。好的领导是主持人，让每个与会者都能畅所欲言。会议第一轮是每个人都要发言，第二轮谁更想发言，就让他继续发言，如果他的意见占了上风，那么这次决策就可能由他来主导。当下次会议是讨论另一事项的时候，可能另外一个人在这个事项中更专业，结果他占了上风，那么下次会议的决策就由这个人来主导。所以，好的领导者应该是主持人，这时候决策权是流动的。

那么授权光在会议中形成还不够，还要明确形成事项的签字权，就是什么事项由谁签字批准，同时需要让公司人事发文告知所有人。

我在当当这么多年，我的第一任副总是来自宝洁的陈腾华，他就说公司要分工管理，不怕变动快，每次变动要发公告，这就是授权。这样的话，原来这个人是普通员工，是你的部下，一旦他当了这个项目小组的组长，公司一发文，他就能占有一定的信息和资源，这对他来说是非常有帮助的。

做好结果管理

在结果管理上我最得意的成功案例，是现在科达的总裁褚明理在当当实习时完成的一项工作。

很早之前，我到北大光华管理学院做过一次演讲。现场有 200 多人，我讲了一晚上。互动环节，底下有个小伙子提问，我觉得这个小伙子的问题问得不错，就问他将来有什么打算，他说他想到当当实习，那时候他刚大二。我同意了，可他实习了半年后我才知道，他不是北大的，而是中国农业大学的，叫褚明理。他来这里实习做什么呢？大家知道实习生经常做的就是端茶倒水的活儿。我说你要端茶倒水就别做了，你要在这里做些事情出来。于是我就把他放在了市场部。

他主意很多，个性很强，当时的市场总监不喜欢他。我跟市场总监商量，让他做天津区域的拓展经理。因为他是在校生，我说我们要 25 元发展一个新用户。当当配 10 元券，纸质的和电子码的都给了他，于是他就在每个大学发展推广站站长，还要让我去给站长们做演讲。他跟我抱怨说没钱，我就让他去找市场总监，让市场总监给了他 8 万元就让他去天津了。就是在这种高度授权的情况下，他三个月完成了任务。现在看来，他做的这一切叫整合传播。当时他也不懂这些，就是想办法把这件事做成，先是到大学发展推广站站长，又到新华书店发 10 元券，还跟天津移动、天津联通合作，以活动的名义低成本发短信宣传，还安排我到天津接受电视台和报纸的采访。那时候当当刚刚成立第三年，我还没有今天这么有名，但是他把这些活动安排得还挺像样。

我儿子上二年级的时候，有一天晚上我回到家，他就兴奋地跟我讲学校的见闻。晚上 9 点吃完饭，我跟他聊天，他说："爸爸你今天怎么不高兴？"

我说："我这个任务快完不成了，今年 600 万新用户要是完不成，我这个总裁就当不下去了。"

他说："你还差多少？"

我说："还差 80 万。"

他说："这么多，我可完不成，不过我可以帮你完成一点。"

我说："你能有什么办法？"

他说："我回学校去发展，你们能给我们什么？"

我把天津区域经理的方案告诉他，25 元一个新用户，每个新用户送 10 元的券。

第二天晚上，儿子兴冲冲地回来说已经找了 10 个人，每个人负责 100 个人。第三个晚上，他们十几个人开了会，回来就说，既然新用户才给我们钱，那我们怎么知道他是新用户还是老用户呢？我说那你只能相信我们。那我们为什么得相信你呢？由他这句话开始，此后我们当当在推广新用户付费时都会专门开账户，推广人有权打开账户随时查看。当当读书一开始就设计出这套后台系统，所以信息透明，利益到位，然后采用结果管理。我压根不知道他是怎么找新用户的，每个人又是怎么去发动家长的，只要他能做到 25 元带来一个新用户就行。

第三节　留住核心员工

给他成长的通道

不知道你有没有过这样的经历？从业务明星一下转成经理，带着 6 到 10 个人的团队，第一个半年充满了痛苦。当当童书的优秀编辑王悦做得非常好，把对手打得“满地找牙”。这么优秀的编辑我们说那你带团队吧，让她当少儿编辑部的主编，带 10 个人。结果第一个半年，她心力交瘁，经常失眠，三次提出辞职。

她当时对我说：“我可能天生就不是当官的料，是不是当官也得学呀？或者给我推荐几本管理的书籍读一读，等我准备好了再当。”管理学的书籍有几十万种，但管理的实践比读这些书都重要。即使你要上商学院，也应该在工作中做过几年管理岗位后再去，才能真正有收获。新管理者到商学院是学不到真正的知识的。怎么办呢？我就在当当开展起了内训，经过三个月的内训，让这些管理者顺利地度过第一年。如今，王悦已经是当当的高级副总，领导一百多人的团队，自己也变得很轻松了。

在过去的二十年中，这样的例子还有很多。比如前面提到的科达的总裁褚明理，大学没毕业就到了当当，从实习生开始干起，如今是科达的总裁了。再比如蔚来汽车的李斌，他是当当的创始人之一，后来创办了易车网，在美国上市。现在的蔚来汽车也在美国上市，取得了非常好的成绩。他们都经历了管理的痛苦期。而他们之所以能度过痛苦期，不是上了商学院，也不是读了一大堆的管理书籍，而是抓住了三个制胜法宝。

我给大家推荐三本书，这三本书是十九年前我从美国买的版权。第一本是中国第一套 MBA 核心教材，叫《管理学构建竞争优势》；第二本书叫《留住核心员工》；第三本是《30 岁前成为明星管理者》。围绕这三本书，我讲三个管理心法（也就是我上面说的三个制胜法宝）：第一个是学会授权，第二个是留住核心员工，第三个是管理与上司的关系。

几乎所有公司都有这么一个魔咒，那就是在公司内部提拔一个优秀员工成为经理后，会引发另外一个核心员工辞职。这两个人原来是同级，提拔了其中一个，伤害了另一个核心员工的积极性。这个魔咒困扰了很多企业，那该怎么打破这个魔咒呢？

一说留住核心员工，有的书上可以给你列四十个方法，太多了，很难记住。如果只说三个办法，是什么呢？很多经理人，特别是人事经理说留住员工就是加薪。很多初为经理的人说手下的员工辞职不是自己的原因，主要是因为企业文化。那我要告诉你一个真相：一个员工的辞职很大程度上都是因为他的上司。他来是因为公司，要看这个公司的前景、企业文化，但是走大都是因为上司。我再讲一个真相，员工离职主要不是因为薪资。那么面对这种情况，作为管理者，你怎么应对？

我们不研究每一个个体的心态，我们就看核心员工的追求是什么？他继续待下去的动力是什么？答案是增长技能，获得晋升。你刚刚成为经理，那你就挡了人家的道，你获得了晋升，短期来看，人家就没有上升的通道了。之前他上面有一个经理甚至是优秀经理，跟着这个经理还能学到更多东西，现在该怎么办？

作为优秀业务员，你刚刚成为经理，可能是不被信任的，那你就不要装腔作势、发表演说、吃吃喝喝、拉拢感情。他信任公司哪个经理，你就把那个经理请来做他师父，每周给他一小时时间让他跟他师父交流业务。他离职的可能性就会降低。试问，你能把姿态降低吗？其实现在，健康的企业是门徒制（mentor），门徒制就是给员工找师父。

有的新管理者就说了，这一下就把我给架空了。要不要留住他？我提醒你，你的部门如果有 6 到 10 个人，一个核心员工可能就占部门业绩的 30% 甚至 50%，他一走，部门的业绩立刻完蛋。

其实，光找师父还不够，他还是停留在原来的职权职责范围内。你还要给他成长的通道，成立跨部门小组。你内部 6 个人也好，10 个人也好，你把几个人的事情在本部门内成立一个项目小组，争取你上司的支持，然后跨部门再成立一个小组，让他当组长，给他一个隐形的舞台。他能取得更好的业绩，那也是你初为管理者业绩的重要一步。

你就是这个部门的接班人

有的人自我实现的要求很高，就想立马晋升，已经有人在挖他，他在这里是主管，别的公司已经挖他去当经理了。如果是这样，这家公司就没有他的舞台了吗？你可以这么跟他说："我在这个岗位只待两年，两年后我就转岗到别的部门去，到时我一定推荐你，你就是这个部门的接班人。"这是 IBM 带起来的风气，现在世界上很多公司都在效仿。你想晋升，你就跟上司报告你的接班人是谁。当然，你不见得一定选他，但是找好接班人，你才能晋升。你就告诉下属"你是我的接班人"，以此来给他希望。当然，这需要很大的心胸和魄力。

所以，留住核心员工其实就是给他舞台，给他增长才能的机会。我来分享一下我自己亲身经历的案例。

先说我的失败案例。当当的第一个四年，我们有一个技术总监非常优秀，但是他跟同事沟通的时候经常过度承诺，能做七分他说十分，能做十分他说十三分。其实他的业绩很优秀，但还是遭到了其他部门的批评。于是我们做了个错误的决定，从外边空降技术副总。我说："我给你找个师父。"他不接受。我说："你领导力上需要提高。"他很激动地说："我怎么没有领导力？我 28 岁就当处长了。"可是我没有听进去他这种声音。果然，副总来了，他离职了。而副总在业务能力上确实比他差很远。当当技术的推进就徘徊了一年，还出现过两次停机事故。

再来分享我得意的案例。比如说几年前离开当当的邓一飞，现在是优酷的副总裁。她之前是当当副总裁，分管服装事业部。当时让她当服装事业部总经理的时候，全公司都蒙了。因为她当时只是在当当技术部带着 3 个人。服装事业部刚刚成立，有一个来自某购物中心的高管在我们这儿管服装事业部，半年没有起色，于是就让邓一飞上。其实在这之前已经给了她一个跨部门智能推荐商品小组组长的职位。在这个职位上，她取得了很好的成绩。即使这样，我们让她当服装事业部总经理的时候，别人还很有意见。这时候，她已经拿到了三个 offer（录取通知），比在当当的工资涨了一倍。在这种情况下，我说服管理层，勇敢地赌了一把，让她去挑服装事业部的担子。两年下来，服装事业部从零变成了年销售额 30 亿元，给公司创造的年利润是 1.2 亿元。

再给你分享一个例子，就是褚明理，现在是上市公司科达集团的总裁。他大学时在当当实习，做出了很好的成绩。毕业后，当然就要找工作，那时候 BAT 正疯狂地挖人，可他就想创业。当时，当当一年是一个亿的市场投放额度，我在市场部的推广上实在需要他，他对投放的谈判力度和驾驭数据的能力都非常好。这时，他如果自己创业，对我市场部是一个非常大的损失。于是我想了一个留住他的办法，不是靠薪水，而是靠一句话，我说：“我请你再干三年，这三年你想学什么，想跟投资人建立关系，你都可以代表当当，然后三年后，你再去创业。”果然，三年后他创业了，创办的网络广告公司取得巨大的利润，然后卖给了科达，他现在成为科达的总裁。

像这样的例子还有很多，比如当当图书事业部的市场总监李铮，从当当辞职后，我问他为什么走。他说他喜欢跟作家打交道，喜欢做更多的线下活动。当当每年一次的“423 阅读节”都是他举办的。很多人认为这不重要，应该更多地去做促销，不断地去做“满一百减五十”“满五十减二十五”的活动。但我认为他做的事情也很重要，所以我就把他请回来，给他成立了一个部门——作家关系部，专门给他四个人的编制。他欣然回来了，当然现在又离开当当了，在我们早晚读书当分管市场的副总。

让有水平的人跟你一起做梦

怎么劝别人跟你一起创业？有的创业者说：“你来，跟着我干，我保你发财。”我轻易不这么说。我首先说，创业是大家一起搏出来的，不是我一个人的事。当然，我要承担 50% 的责任。其次，我觉得既然想跟别人创业，大家还是要一起喝喝酒、吃吃饭的。就像美国甲骨文公司的老大说：如果你招一个人，你都不想跟他在工作之余吃个饭、喝个酒，说明你不想跟他有过多的交流。所以，在选择核心员工的时候，与员工避开工作场合多接触几次是非常重要的。

我不是说大家一定要绑在一起“白头偕老”。我不会这么忽悠人。我会说，只有永远的技能，没有永远的岗位、永远的职业。到我这儿来，参加这场创业冒险，哪怕公司倒闭了，但你的收获却是巨大的。在初创公司，你能得到锻炼，收获技能，你的人生也可以是完美的。

我也会对来自大公司的人说，别担心，加入创业公司，今后想回大公司也能回去。我给他列举了一些事例，让他感到在这里跟我一起创业是值得的。我觉得，一个公司的创始人如果不能让有水平的人跟你一起做梦，那你就没有感染力。所以，创业者除了洞察力、能量外，还要有感染力，能吸引一批愿意追随你的人。同样，你的合伙人也要具备感染力。

有时候唱反调的倒是好员工

搭班子带队伍，我们强调合作精神，但更重要的是，要鼓励创新的企业文化。中国的很多企业在这方面需要提升。市面上曾有一本书深受大家喜欢，叫《奈飞文化手册》。奈飞是美国最大的在线视频网站。为了鼓励创新的文化，公司的差旅费没有批准一说，你爱住什么住什么，统统报销。也不用请假，你觉得什么时候需要给自己放假，就去休假。这家公司没有那些固定的规则，结果做得很成功。

我们鼓励合作和创新精神，同时也鼓励大家提不同意见。我创办早晚读书，招了一批“90后”员工，他们见着我就叫老师。我说你们不要叫我老师，咱们这是工作，是商业组织，必要的时候你们都可以提一些不同意见。不敢提不同意见的人，我不会考虑提拔你。我在当当前身做出版的时候出过一本书，叫《唱反调的是好员工》。我鼓励员工提不同意见，当然，要注意沟通方式，考虑好怎么提不同意见，不要给人家定性也不要指责。

除了上面说的几种办法之外，物质激励也是留住员工的重要手段，下面我讲讲物质激励有哪些方法。

物质激励绝招 1：工资和奖金五五开

在中国所谓的绩效管理、绩效评估，说白了就是发奖金。那么问题来了，怎么发奖金？第一，需要明确初创企业的工资和奖金应该按照什么比例发。有的初创企业，员工基本没什么奖金，全是发工资，这非常不利于调动员工的积极性。一个高速成长的企业，特别是初创企业，最好不发工资。当然，这是非常不现实的。我刚创办当当的时候，IDG 全球总裁麦戈文先生说，如果创办企业什么都是可变成本就好了，都跟销售额挂钩，有销售额我们就有收入付房租，没销售额就不付。听起来很美妙吧，但这个想法很不现实，在实际操作中，财务经常要把员工工资当成固定成本。如果你招来的员工有销售额就发工资，没销售额就不发，那你一定办不好企业。当然，我见过很多初创企业的股东或者老板，真的不给自己发工资或者发很少的工资。我投资的一家科技教育公司，前三号人物是股东，他们的工资就一个月 5000 元到 8000 元，他们自己原来都拿着 3 万元到 7 万元不等的工资。

问题来了，工资跟奖金到底该是什么样的关系呢？初创企业的工资和奖金通常五五开，这个企业就健康。当然，工资和奖金的比例跟不同的工种有关，如果是销售部门那一定是 50% 来自奖金，例如保险公司都是低底薪，广告公司也是低底薪，员工的收入主要靠销售提成，甚至有些公司员工的收入 70% 来自奖金。干得不好的，靠着低薪他活不下去，往往干三个月就辞职了，或者公司就把他给解雇了。

我觉得 50% 的比例是中位数，销售人员的奖金应该占 70%。其他工种如技术人员、人力、财务等支持保障部门的奖金应该占总收入的 30%。风险越低，收益也相应越低。

奖金比例也跟公司层级有关。当然小公司没什么层级，只有大中型的公司有层级。管理层的奖金应该占他收入的 30% 左右，中层、基层的奖金应该占收入的 50% 以上。对于初创企业来说，我的主张就是，大家收入的一半都来自奖金。

物质激励绝招 2：奖金到个人，不到团队

从十几年前开始，中国就学西方的管理理念：重团队，轻个人。团队占分太高，甚至为了鼓励合作精神，奖金就到团队，不到个人，然后个人怎么分，部门负责人说了算。这个不好，部门负责人发放奖金的过程可能受到主观因素的影响，导致奖金的分配不够公平。如果部门负责人对团队成员有个人喜好，可能导致某些成员被不公平对待，引发成员不满，到时候不仅起不到激励作用，很可能还会破坏团结。我的主张是奖金到个人，尤其面对“90 后”和“00 后”员工，公司应该构建更关注个人的绩效，就是奖金考核衡量到个人。

物质激励绝招 3：绩效目标单一化

在奖金激励上，初创企业不要学那些成熟的公司。初创企业的绩效目标一定要单一化、简单化，不要超过三个考核指标。大公司动辄就是五个、八个考核指标，甚至还出现过平衡积分卡。在我看来，平衡积分卡是一个非常不适合初创企业的激励模式。这个积分有 100 项，每项有 1 分的，有 2 分的，还有 0.5 分的，光算完这些，能把人累死。

无论是 KPI 还是 OKR 工作法，都有它的道理。OKR 工作法也是由八个指标来决定奖金发放多少，但这对初创企业来说都是不适合的，我主张初创企业绩效考核指标不要超过三个。

为什么绩效考核指标要单一化、简单化呢?

明确性和可衡量性：单一化的绩效考核指标使得员工更容易理解和记忆，目标变得更为明确和可衡量。员工清楚自己需要达到什么样的成绩获得什么样的报酬，从而更容易集中精力实现这个目标，提高了工作效率。

追踪和评估更简便：单一化的绩效考核指标使得监督和评估过程更加简便。管理者可以更容易地追踪员工的工作进展，提供实时的反馈，并在需要的时候进行调整，降低了管理层的负担，有助于管理工作更加顺畅。

提高员工满意度：单一的绩效考核指标可以使员工感到目标的实现更为可控和可预测，从而使得员工对公司形成高度信任，避免了复杂的绩效算法给员工带来强烈的不确定感。

物质激励绝招 4：个人奖金与公司整体目标脱钩

我认为奖金要跟公司的整体目标脱钩。我在早晚读书犯过这样的错误，早晚读书在第二季度算奖金的时候，我看大概也就占工资总额的 10%，这离我说的 30%、50% 还差太远，当然了，可能我们定的基本工资高了一些。

那么，不足工资总额 10% 的奖金是怎么算出来的呢？我们有一个“on off”指标，这是当当的管理咨询专家给我们做的诊断和方案。什么叫“on off”指标？就是所有人的奖金都跟公司的最终结果挂钩。公司的年度经营目标没完成，即使某个部门或个人干得再好，都没有奖金，这叫全员风险制。

以早晚读书为例，全公司的年度经营目标考核有三个指标，分别是付费会员数、每日活跃用户数（日活）和注册用户数。我们发现，有些人付了费，可是他没有养成每天听十分钟或者一周听一小时我们内容的习惯，这就是日活不够。注册用户数就是说，早晚读书有七天的体验期，你不付费可以，但我们考核免费注册的用户数增长率。三大指标年度考核，结果我们就付费会员数达标了，其他两项远远没达到目标。这样，即使很多部门或个人完成得再好，也被扣掉了 66% 的奖金。这是失败的案例。后来，我们马上调整，还是要激励到个人和部门，不要让每个人跟全公司总结果挂钩。因为影响全公司总结果的因素非常多，员工工作做得再好，对总结果的影响也是非常有限的。可一旦总结果跟个人挂了钩，就会影响到他们的积极性，所以我们在第三季度时马上就做了调整，取消这三项公司总结果。我希望所有员工能拿到的奖金更高。

物质激励绝招 5：奖金上不封顶

早年在当当奖金是封顶的。如果给你定的是 1000 万元的销售额，结果你完成了 1200 万元，那么奖金也要从 1000 万元中提，这是好多大公司的做法。他们的理由是，本来定的是 1000 万元的目标，为什么你能完成 1200 万元？这就不是你的功劳了，是人家产品牛、广告做的牛或者广告投放力度大。我甚至还听到一个管理学家的理论，说今年年景好，员工绩效好是运气成分。这都是不对的。我的主张是上不封顶。你给人家定了 1000 万元的目标，要给人家 0.5% 的提成，如果人家完成了 1800 万元，也应该给超出部分的 0.5% 的提成。

大家现在都提合伙人制，合伙人制最重要的就是年终利润分红。

当当上市前后那两年，是竞争最激烈的时候，当时不仅有亚马逊，还有京东。当当图书面临那么大的竞争压力，结果从上市到现在已经过去十二年了，我们图书毛利最好的年景，恰恰是竞争最激烈的那两年。为什么？因为我们就那两年实行了毛利分红计划。我清楚地记得，有一个明星员工，学历不高，工资税前是 7000 元，还要上五险一金，但是他一年下来的奖金少则 21 万元，多则 40 万元。所以他的干劲非常大。

我就讲，零售业能不能有更好的毛利率，需要每个员工根据竞争形势把控品类的采购成本和销售价格，这就决定了他们必须得干劲十足，而要激发他们的工作热情，奖金不能封顶。

物质激励绝招 6：用期权激励下属

有的创业公司是给员工发期权，有的是发股权，用期权、股权的升值激励下属。这是非常好的激励手段，也是能让对方实现财务自由的一个巨大机会。

早年腾讯的员工不知道公司会有这么辉煌灿烂的前程，有的人认可公司，在腾讯上市以后能拿到几百万美元；而那些不认可公司的人，早期把期权卖了，结果相差很远。

其实当当也是，上市前我们推动期权激励，拿出 15% 的期权给全员，按不同的层级来分。而且我们描绘出来了，一旦当当达到什么样的规模、什么样的用户数、什么样的盈亏表，我们上市后的市值可以达到 10 亿美元，不管是 CTO、总监还是普通经理，其期权收入能够达到工资收入的 8 倍。后来当当变成成熟企业了，再发放期权的时候就不用这个 8 倍理论了。其实，有的员工还拿到了比工资高 20 倍的收益。后来，我请教了网易的前 CFO，也请教了新浪的 CEO，他们给我们设计了一套成熟的工资计算方法。怎么算的呢？给管理高管的期权模型是，当公司达到某种业绩时，你的期权收入就相当于你工资收入的 4 倍；对于中层来说，期权收入相当于工资收入的 2 倍；到了基层，只相当于工资收入的 0.5 倍。

如果期权、股权收益等于工资的 0.5 倍，就相当于每年多发几个月工资，这还有什么激励作用吗？显然，这样的激励就不够了，所以这是当时的一个错误决定。其实，当当在当时所在的行业中是一个高速成长的企业，我们应该给大家设计出更大的激励机制，比如设计期权为工资的 4 倍、8 倍甚至 20 倍，这样大家才会拼了命地干。

总结起来，关于物质激励，我提出下面六点：

第一，奖金占工资比少则 30%，多则 50%，这是一个健康的指标。

第二，绩效考核指标要个人化，大头是奖励个人，小头是跟团队完成效果挂钩。

第三，绩效考核指标要单一化，而非复杂化，最好是三个指标。

第四，个人奖金与公司总结果脱钩，但是管理层要跟公司总结果挂钩。

第五，奖金上不封顶。

第六，对于高速成长的初创企业，可以给予员工期权激励。

警惕，物质激励也有弊端

我原来是不重视精神激励的。离开当当这两年多，我做了很多反思，我发现自己是一个物质激励派，但是在物质激励方面也出现了问题。

第一个弊端就是容易形成算账文化，员工对工作过于斤斤计较；

第二个弊端就是员工跟公司形成了一种交易关系，遇到什么事，员工有奖金就干，没有奖金就应付着干。

有时候为了推动企业发展使用物质奖励，会出现这两个弊端。如果激励都变成自由市场的交易，那还不如不发工资、不要让员工变成公司的固定成本，为什么用公司取代自由市场？按照经济学观点，公司的存在就是为了降低交易成本。原来做小买卖的人，效率是非常低的，比如我给小餐馆供应带鱼，我以什么价格供给餐馆，然后餐馆将带鱼做好后卖给顾客，大家都是这么交易的。厨师也是，我给你炒一个菜，你这个菜定价多少，给我提成，这是原来的最早的原始阶段，效率很低。公司制的出现是为了降低交易费用。

物质激励的这两个弊端出现了，要想真正解决这个问题，不是修改你的物质激励方案，而是利用精神激励来解决这两个弊端。

精神激励的五个层次

很多人都知道著名心理学家马斯洛。我在上大学的时候读的是社会学，经常用到马斯洛的需求理论，这个理论讲的是需求分级。

第一级需求是生理需求。人生于世，最基础的需求是吃、喝、保暖。穿衣服是为了保暖，如果为了时尚，那就不是生理需求。

第二级需求是安全的需求。比如人要有稳定的工作，生存才能得到保障，稳定的工作给人提供了安全感，这就是第二级需求。

第三级需求是社交。人都有社交需求，需要跟人打交道。有人总问我老了去哪儿？去不去美国养老？我说我愿意留在中国，因为圈子在这儿。我每次从美国飞回来，在飞机上总能遇上一些帮儿女带孩子的父母，他们大多六七十岁，去了美国半年待不住，还得跑回来，说在那儿住着就跟住监狱一样，既不会开车，也不会说英语，周围又没有邻居，特别不适应。这就是社交的需求。

第四级需求是受人尊重的需求。这在中国文化里尤其明显，甚至比第三级需求还重要。一个人得受到他人尊重。

第五级需求，自我实现的需求。就是一个人做某件事情，已经不是为了物质奖励，不是为了工资，不是为了社交，也不是为了让别人赞扬自己，而是发自内心地要做某事。我有一个大学同班同学，学习很优秀，在跨国公司做高管，做了十五年，八年前辞职了，辞职以后就办了一所小学，除了语文、英语、数学外，其他教材都是他自编的乡土化教材。在贫困乡村十年如一日地教学，还搞募捐。他做这一切是为了什么？显然不是让谁赞扬，他对媒体的报道兴趣也不大，这就是自我实现的需求。

精神激励方法 1：慎用威胁激励

马斯洛提出的五个层级的需求跟我们的激励都相关，第一级需求是生理需求，就是物质激励。

第二级安全需求，是精神激励。给下属安全感，在最近这几年越来越难。上司或者老板哪怕是中层领导，采取的大都是威胁激励。

典型的安全感激励应该是不裁人，不解雇人，终身雇佣。我上过心理学的培训课，十五个人一个班，叫领袖精髓工作坊，导师是许宜铭老师。他就讲，我们在完成任务的时候，他的打分标准不仅是谁完成得多、完成的时间短，他还要看最后有几个队员都完成了。每个组有五个队员，有的组就一个人完成了，另外四个人都没完成，被淘汰了。我们习惯说，为某件事情团队总有一些人要做出必要的牺牲，但是在他的理念里，一个团队达成某个目标的时候，所有团队队员都没牺牲才是最高的理念。这就是安全感。

当然，批判终身雇佣制的人也有很多。他们担心过于强调安全感会不会带来一些其他的问题，比如奖懒罚勤等等。但是我想说的是，这个安全感激励很重要，但不代表安全感激励就是大伙儿一起吃大锅饭，只是现在我们走到了安全感激励的对立面——威胁激励，这实在是糟糕。

什么叫威胁激励？ 2021 年发生了这么一件事，领导给下属敬酒，下属不喝，结果被打耳光，这就是威胁激励。还有一些互联网公司的威胁激励在过去这几年愈演愈烈，一批骨干员工在公司干了十多年，年龄大都在 40 岁以上，上有老，下有小，然后又有房贷、车贷。公司知道他们舍不得离开这个平台，舍不得这份工资，于是就折磨他们，甚至把他们打趴在地，还得上去踩几脚。这些都是威胁激励。

当然，比较文明的威胁激励我也遇到过，就是不发脾气，也不吼叫，就是敲敲桌子，说你再这么做，你要小心你的饭碗了，这也是一种威胁激励。这种威胁激励在一定情况下、一定时期内确实能提高劳动生产率。比如大家热议的某公司快递员，被要求签残酷的三十分钟送货上门承诺，也有说是四十分钟，一旦晚一分钟就罚款 200 元。这就导致他们为了赶时间常常不看红绿灯，也不管逆行不逆行，这是非常危险的。我现在一到电梯，只要电梯里有快递员，我就先让人家按，让人家先上去。这是威胁激励，效果很好。但是大家都能看到这个威胁激励的副作用是什么。

那么，在什么情况下威胁激励有效？二十多年前，有一本书讲员工激励，里面有一段话我印象深刻：

当经济萧条时，或者合格员工数量多于工作机会时，威胁激励用得较多。例如在一家公司如果工作不稳定，许多员工因为担心失业，会有意识地努力工作，早来晚走，做得更多，效率更高。这种激励方式在短时间内会起作用，也会增加组织的生产率，但这种方法潜在的问题是，它的效果不会长久。

事实上，利用威胁激励来激发员工的动力，可能会使组织后院起火。如果你利用威胁的方法试图让员工做什么，你会发现，当员工们慢慢习惯这种情况，就会产生敌意和怨恨。比如疫情非常严重的时候，企业强迫复工，结果员工都到外边发帖子，骂自己的企业。他们平时为了这份收入可以忍着，但心里已经慢慢堆积起了敌意和怨恨。

更糟糕的是，威胁激励甚至会导致故意破坏。

今天我们所面对的组织的主要成员是“90 后”、“00 后”，他们根本不吃威胁激励这一套。你想威胁激励，人家不辞而别。现在的“90 后”“炒老板的鱿鱼”非常爽快，一句话人就拜拜了。虽然工作机会仍然稀缺，但现在的“90 后”、“00 后”自身的经济状况在快速改善，所以我劝新型组织的管理者和创业者慎用、少用威胁激励。

那不用威胁激励，就能给大家安全需求了吗？要想满足马斯洛说的安全需求，除了慎用威胁激励外，还要记住一点，安全感跟公平感高度相关。在企业中，一定要满足员工对公平感的需求。一般来说，初创企业每季度做一次绩效评估，成熟企业一年做一次绩效评估，在绩效评估中，评估方法的公正性很重要。有的员工平时的绩效表现一直不错，但是在评估前那一周，该员工因为跟上司顶撞了一句，他的绩效评估的主观分立刻被打得很低。所以，为了满足员工的安全需求，除了慎用威胁激励外，还要保证我们的评价客观和公正。

通用的 CEO 杰克 · 韦尔奇在其自传里提到过 10% 的末位淘汰制，要求每个部门强制淘汰 10% 的员工，而且这 10% 在不同层级、不同部门，如果这个部门不够 10 个人，比如这个部门 7 个人，那个部门 3 个人，就说好你们这几个部门必须有一个要被淘汰。这次你们部门出一个末位淘汰，下次他们部门出一个。可是我建议，为了满足员工的安全感，不用末位淘汰制。

那么，怎么慎用威胁激励呢？

大家知道某位员工这半年或者评估期业绩不好，可能是领导分工不好，可能是上司出了问题，也可能是下属出了问题，或者是领导评估时出于私心给他打了低分，那怎么办呢？给他半年的转岗机会，换一个部门。换一个部门经过半年观察期再打分，如果两个部门的领导都认为他是末位的 10%，那么再淘汰他也不迟。这也是慎用威胁激励的一个好的方法。

精神激励方法 2：打造充满乐趣的工作环境

精神激励的第二个方法是满足下属的社交需求。这个社交需求可以是团建，可以是打造充满乐趣的工作环境。我在领导当当时有一个工作失误。刚刚创办当当的时候，我就说我们不搞吃吃喝喝，尤其不跟高管的家属一块儿吃吃喝喝，我很少请高管到家里。我们当时还有个理论，说公司就只有工作属性，我们不搞团建。其实错了，好的公司，上司可以请下属到家里去吃烧烤，而且下属可以带着家属一起来。

当当创办第三年，我们当时的高级副总王曦提出了一个快乐工作的理念。我对他说，王曦总，工作就是很艰难的，我不同意在公司倡导快乐工作。十多年过去了，事实证明他是对的，我是错的。大家发现，一个充满乐趣的工作环境能让员工精力充沛。员工精力充沛、充满自信、工作热情高，遇到困难大家一起想办法，这是多么美妙的工作环境。现在有专门的团建公司，他们会搞很多具有仪式感的活动。包括我们几年前看到的美国的一些互联网大公司，不管是谷歌、微软，还是早期的 IBM，都有免费的下午茶，咖啡、饮料随便喝；谷歌还给每个员工一笔 500 美元的预算，鼓励员工来装饰自己的工位，有的人买花，有的人把工位装饰得像闺房。

现在很多“00 后”把宠物当作自己的孩子，为了满足他们的需求，一些公司还搞了专门的宠物活动间，欢迎员工带着宠物来上班。就像企业有托儿所一样。这都是在创造充满乐趣的工作环境。

这是初创企业的优势。

还有的企业创始人主动为员工创造生活上的便利，带来一些温暖，这也是快乐工作的一种体现。我在当当的时候，会经常到库房跟物流工人吃饭；京东的刘强东也经常跟快递员一块儿吃饭，在一些城市，还帮助他们买了房。我曾去宿迁考察过，发现京东给员工盖了楼，员工可以以较低的内部价购买。

但是我仍觉得，大公司想塑造这种轻松的氛围，其实困难重重。而初创企业在这方面拥有天然的优势，公司初创的时候大家的情感凝聚力都是非常强的。所以，如果创造了这种氛围和环境，让这个理念深入人心，你的企业就有飞速发展的机会。

精神激励方法 3：表扬、认可、批评与庆功

精神激励的第三种方法是，满足下属受人尊敬的需求。我们有时候和朋友聊天，讲到孩子刚毕业，去某知名企业工作，公司每周都会给他庆祝，比如开瓶香槟。他也是做企业管理的，说每周都有成绩吗？为什么要每周庆祝？我们说，每周一次庆祝，开瓶香槟，是为了满足他受人尊敬的需求。在企业里，每个员工都有这方面的需求。在中国文化里，这种需求更大，满足他人需求有几个具体的手段：

第一，表扬。

现在也有人说不要随便竖大拇指对人进行表扬，要在他做对了事情时发自内心地表扬，就事表扬事，不轻易给人定性。比如

说，表扬时就说这个事你做得真棒，而不是说小李，你这个人真棒。

第二，认可。认可是你对这个人身上特质的认可。

我在大学时代读过《马卡连柯论教育》。马卡连柯是人本主义心理学家，他曾说，你给我一个傻子，我能将他教育成科学家；你给我一个少年犯，我能将他教育成社会模范。他有大量的事例证明，一个人再有缺点，成绩再不行，业务能力再差，他身上也一定有好的品质吸引你。你看他职场表现得不怎么样，但是他球踢得好，乒乓球打得棒，你欣赏不欣赏？你要不欣赏，那趁早别招他来。

就好比对待孩子，再差的孩子，在父母眼里都像朵花。我们作为上司需要有一个基本的习惯，就是认可每个人都有优点。

第三，批评。关起门来单独批评，不要当众。

我在当当经常当众批评下属，甚至吼叫。虽然我事后会向下属道歉，但是下属被批评的时候还是有挫败感。我离开当当后才知道，我们早晚读书的骨干有一半来自当当，每个月我们吃一次饭，这个饭局就是对我的吐槽大会。我们分管市场的副总李铮，在当当时跟我隔一级。我跟李铮说："好像你没感受到我的批评、吼叫。"他回答："怎么没感受到？月度经营会，你转着圈地说我们这个分析报告做得有多差，那个观点有多差，倒是没戳着隔级的我们，是在戳着副总的脊梁骨。你对副总说，现在立刻打电话让他辞职。"

事后我才意识到，这都是非常错误的批评方式，应该单独批评，而不是当众批评。而且最重要的是，批评不能定性。比如，如果我要批评我们商学院的主编李建科，我就应该说，建科，你这件事情做得哪里我不满意，哪里我认为不对，而不是说，建科你这个人不行，你不称职，这种话轻易不能说。

那除了我们对员工某一特质的认可，及时就事论事地表扬和批评外，还有什么具体的手段呢？

第四，庆功。不要吝啬庆功。

我们都知道，企业的销售业绩是我们最终要的结果。可是，有些时候，某一个项目可能是没法定量的，但如果他最终完成得很好，我们也要奖励。比如我们早晚读书每月一次的总经理认同奖就是在做这样的奖励。早晚读书在内蒙古举办了全国的早晚读书渠道的培训会，只有两天半，时间非常紧张，结果培训做得非常成功。有人提议给这个渠道总监一个总经理认同奖，有人反对，说这个月的销售效果没看出来，等下个月销售额出来的时候再说。我说别着急，这个总经理认同奖应该给，我们说的目标不一定就是定量的，我们要在过程上多庆功。我觉得，如果可以的话，一个企业不同的部门，每月都该有一个庆功宴。

在初创企业，头衔也是大家获得认可的一个重要标志。

大家想一想，一个上司如果能拿出对自己孩子的那个状态对待员工，这个企业就赢了。在我看来，受人尊敬的需求在初创企业尤其重要。我遇到过一些开餐馆的、开酒吧的或者做电商运营的小公司，总共就二三十人，这些小老板会定期把所有人都请到家里去，让大家每人做一个菜，或者是他自己做好了来跟大家分享，这也是受欢迎的激励方式。

精神激励方法 4：帮助下属自我实现

精神激励的第四个方法，是满足下属自我实现的需求。企业满足员工自我实现，其实是一件挺难的事，但这是我在当当二十年所一直坚持的。虽然我经常在尊重员工方面做得不够好，但我觉得在当当的发展壮大上，我抓住了这一条。为此我还把这一条写进了当当的企业文化：诚信、进取、成就。

在谈到成就的时候，我专门讲的是个人成就。所以，当当能够成为中国电商的“黄埔军校”，我觉得这是对我的最大褒奖。我记得当当创办第四年的时候，我去广州物流中心跟主管经理见面，经理下面有 6 个主管，我就说希望你们三年后有更大的发展，可以到更优秀的电商公司去。我们一旦跟不上你们发展的步伐，你们跳槽不是坏事。我回来后就遭到了人力资源副总的委婉批评，他说你是去给人家打气、激励的，怎么变成了鼓动他们跳槽呢？当时我还挺郁闷的，便查书引经据典反驳他。正好当时的《南方周末》就刊登了一则文章，说这个世界上最大的会计师事务所在中国也很有发展，这家会计师事务所在面试人时经常帮对方规划职业生涯。事实也是这样，下属在企业有更大的能力却得不到晋升，企业帮着他介绍其他工作也无可厚非。我至今也是这么做的，你想，当当在中国已经有 11 个城市级物流中心，这个干部成长得很快，团队成长得也很快，当当终究有容纳不下他们的那一天。这时候，如果他们想到别的地方去，我觉得我应该帮他们才对。这是我在当当的理念，员工有自我实现的权利，而自我实现就是自我成就，这已经不是工资和待遇的问题了。

其实，我的第一份工作也是深得我的那些领导的帮助。我刚毕业到了书记处农村政策研究室[1]，我的领导有周其仁教授、林毅夫教授等，他们都是非常著名的经济学家。他们问我，你北大毕业来我们这儿，你的个人规划是怎样的？我说我跟你们干一辈子，结果人家反而说，你不用表忠心，现在是出国热，你想不想去读书？我说当然想了，去哈佛大学是我的梦想。他们说，好，我们有条件给你申请奖学金，一年两万美元的奖学金。为此，他们还出国考察，了解后给了我更多的机会。他们说，我们鼓励你去探索，看看你到底适合搞研究、经商，还是做官，你这个年龄就该多探索。他们不但不批评我，还给我谋取了一些福利。所以，论关心员工发展这一面，我非常感激我的第一个工作单位。1992 年，我下海创业，也是他们满足我的个人成就需求的一种体现。

除了为员工做好职业规划外，按员工的兴趣提供转岗机会或者成立跨部门小组也是一个手段。其实，员工干好本职工作外，时间还是有一定富余的，如果他还想了解更多，你可以让他参与到别的项目里面去。一种办法是给他转岗的机会。京东有管培生计划，能进入管培生计划是一件很光荣的事，因为它能给你轮岗的机会，可能是三个月，也可能是半年，让你获得更多的信息，然后就能得到晋升。这叫接班人计划或者管培生计划。初创企业，可以让员工参

[1] 书记处农村政策研究室：全名中央书记处农村政策研究室，现已撤销。

与更多工作，轮岗可能不现实，因为大家都知道创业公司没那么多岗位，通常是一个萝卜一个坑，何况现在市场环境变化非常大，每个人面临的挑战也很多。但是你可以成立不同的跨部门小组，让他能参与本职工作之外的工作，有机会获得个人成就，这就是在满足对方自我实现的需求。

关于这个跨部门小组，我有一个案例可以分享给大家。某著名传媒公司的当家主持人，主持得非常好，但她想发展自己的歌唱天赋，还自费参加培训，希望成为签约歌手。她的直接上司觉得她这样做不行，因为时间有限，她就应该认真做好主持。她很郁闷，都影响到了本职工作，甚至一度想辞职。我很纳闷，为什么她的上司不能给她一些特殊的时间？于是我对她说，如果给你三分之一的工作时间让你唱歌，但要减你的薪水你干吗？她说可以。我正好认识这个著名传媒公司的老板，于是我就找他说了这个事儿。我说请你跟总监说，给她 30% 的自由支配时间，实现她的抱负。果然，这个主持人在唱歌上得到了很大的发展，虽然剩下的只有 70% 的主持时间，但是产生的结果也很好。

除了上面两个手段外，第三个手段是，提供更有挑战的工作——冒险。初创企业也好，成熟企业也好，你敢给员工提供一些冒险性的工作吗？这也是实现下属自我需求的一种手段。说白了就是，给他一定的自主做事的自由，做好赔钱的准备，如果他能做出来，还可能让企业大赚一笔。第四个手段，给员工参与感。小米走过了光辉的十年，小米成立第三年的时候，副总黎万强写了一本书叫《参与感》。其实他不仅是让顾客参与，也是让小米的员工更有参与感，每个人都像总经理一样，公司各方面事情在内部都可以讨论。至今阿里也有内部的贴吧，鼓励员工讨论公司的任何事情，结果大家兴趣高涨、精力充沛。

当然，这也是当当一贯的主张，要让全体员工参与公司内部事务，最重要的是信息共享。我们知道，信息越透明，员工的本职工作就能做得越好。当然共享带来的可能是泄密，这个要权衡。

实现员工自我成长的第五个手段是高度自治，也叫高度授权。老板或者管理者敢不敢高度授权？让下属觉得像在自己的工作室一样，他说了算，而不是事事由领导交代第一步、第二步怎么办。高度自治也可以说是结果管理，就是你跟下属确定好到底是要销售额、渠道的搭建，还是要优质的内容，一切用结果说话，要尽可能接近那个最终结果，中间的过程不去管，给他足够的权力。

就像我们现在对早晚读书内容部的考核一样，不考核他们请一个嘉宾花多少钱，一期的讲课费花多少钱，而是按音频、视频的完听率进行考核，在这方面高度自治，采用结果管理。这是企业让员工自我实现的一个很重要的手段。当然管理也需要到位，不能把目标定得过高，根本达不到，那会让他充满沮丧；或者表面上充分授权，过程中却设置很多条条框框，实际上根本不想充分授权。

现在好多大公司都拆成小公司，为什么？有人管它叫阿米巴模式，其实最重要的就是授权给员工，让他对最终成果负责。海尔在这方面做了很好的探索，让所有员工都成为创业者，这是最高境界的主人翁精神。

第四节　向上管理，不靠阿谀奉承

认可他的权威，不要去评价他

管理学有很多书讲到向上管理这个话题。有一本书叫《360 度领导力》，用六七十页内容专门来讲这个话题，它把上司分成十种类型，比如爱管细节的上司、对变革保守的上司、善变的上司等等。这些类型的上司你肯定遇到过，但我觉得它这么细分太复杂了。

面对不同风格的领导，我觉得你不用花太多精力，我教你两个小招。跟上司相处最重要的是，你得认可他，承认他的权威。你不承认他的权威，你只会失败。因为你无权选择上司，也不要参与到办公室政治中，把上司挤走。如果你把上司挤走了，那你就落得个"上司杀手"的称号，今后谁当你的上司都会对你耿耿于怀。对上司权威的认可，是最简单也是最容易做到的。如果这个上司不胜任，那也不是你的事，那是上司的上司的事。总有一天他会走的，但你不要参与其中。所以向上管理的第一招就是，不管他是什么类型的上司，认可他的权威，这是组织结构决定的。

达成结果并超额完成

第二招，多跟上司讨论结果。办当当之前，我的第一份工作、第二份工作都是这样的。我跟上司讨论了很多，可上司的要求也很多，最后我问："您最想要的是什么？能让我不坐班吗？"上司说："可以，但需要发表多少篇文章。"我说："好，我一定超额完成。"

达成结果并超额完成，你对你的上司来说就是不可或缺的。

当当的第一任副总陈腾华，是清华大学高才生，毕业后进了宝洁，后来到了当当。他只比我小七八岁，他当时就驾驭不住我。我比较善变，有时候又问很多的细节。他说："老大，您说的这些，哪些是您作为前辈的教诲？哪些是您跟我的讨论？哪些是您的决定？如果是教诲，我洗耳恭听，不见得影响到我工作的执行；如果是讨论，那就是您没决定，那决定权可以给我吗？如果是您的决定，我只能执行，执行一段时间再看是不是您的方法对。"

所以你看，分清上司的话是教诲、讨论还是命令，这非常重要。赢得上司的支持，对于你取得业绩和带好团队是至关重要的。

再分享一个我在当当所经历的、从失败到反转的案例。我有一个叫马铭泽的下属，现在在做区块链的探索。当当成立的第二年，他刚满 20 岁，是一个大专生。我认为他是个运营天才，商业嗅觉和洞察力非常好。我说，你来做我们的期刊采购运营经理，给你带两个人。

我把他介绍给图书事业部的总监、副总和当当人力资源总监，他们来自英特尔、可口可乐，带着大公司高管的范儿。他们一看马铭泽，认为不行，觉得他学历太低，没有工作经验，更没有相同相近的采购或者图书期刊经验，不录用他。我虽然是公司创始人，但是为他说话没有用，毕竟我们两个中间隔了三级。于是我跟秘书说我就要用他。人力资源当然也不敢拒签他。但是人家图书事业部那边不接收，怎么办呢？我就在我的办公室里支了一张桌子，让他当期刊采购运营经理。

我教他打电话怎么说。他打完我再教他哪里需要改进，结果他什么业绩也没有做出来，新业务干了四个月就夭折了。最终他从我那儿搬出去了，离开了公司。

后来他在当当开自己的店，不管开什么品类的店，他都能够进当当这一类的排行榜，可见他选品和谈判能力非常强。七年前，当当和所有传统电商面临一场危机——从 PC 转移动互联网。投资人都不看好我们，说我们这些“老狗”学不了“新道”，移动互联网会甩开我们。我顿感压力倍增。我觉得移动互联网必须专门化，于是我拍板成立移动互联网事业部，把技术、市场都放进来，结果没人敢接。

这个时候我请马铭泽出山，让他来做当当移动互联网事业部的总经理。当当的移动互联网从产品开发开始做，当时的移动互联网流量的销量只占当当的 15%。他仅用一年时间，就让当当的移动互联网流量占到了当当的 70%，销售额占到了 50%。就这样，当当没有烧钱，平稳过渡到了移动互联网时代，在图书电商领域仍然是遥遥领先。怎么做的呢？还是在我的办公室里支一张桌子吗？还是打着我的旗号吗？完全不是了。他现在擅长处理跟上司、跟同级的关系，为了赢得其他人对移动互联网的支持，给他更好的货品、给更低的价格，他就端着一盘水果到图书事业部总经理王悦办公室去谈，结果事情办得非常顺利。还有一个例子，因为当时移动互联网业务才占总业务的 15%，想要做好必须赢得另外一个副总陈立均的支持，他就在去另一个楼层的路上跟陈立均谈。他回来跟我说他很生气，感觉公司不重视移动互联网，我批评他："你千万别公开说，你装不知道。"他就拿出这种心态跟人家笑脸相迎，赢得同僚和上司的支持，所以取得这个成绩显然不是他一枝独秀，而是利用好了跟各个渠道的关系。一年后，当当顺利过渡到移动互联网。于是，我决定把移动互联网事业部跟 PC 端的业务合并，取消移动互联网事业部，因为我们已经全部移动互联网化了。后来，他到当当文化地产当总经理，给他开转岗欢送会的时候，他痛哭流涕。

还有一个例子，今天算是揭秘了。有一个人职高毕业，大专学的是计算机专业。他父亲在我早年做出版的时候开印刷厂，虽然那时候我欠债很多，但他还是帮我继续印书，我很感激。我跟他父亲是同龄人，结果这孩子长大了，我一看他上大专学不到东西，就说你来当当吧。到当当后历经四个部门，先去最艰苦的客服部，住在地下室，然后去了业务部。刚去业务部做数据分析时，他坚决跟我保持距离。没人知道他跟我的关系，藏得非常深。

我去他们部门，他一定会躲开我，因为隔着三级，他不能跟我说话。我参加他们的部门会议，表扬过他一次，他单独给我发微信说：“您千万别这样，否则我在职场就没朋友了。”后来，他成为电商界最年轻的总监，管理内衣服饰类。现在他已经离开当当，加入了早晚读书，做电商平台总监。

第十章

尊重智力资本，满足员工自我实现的需求

股权激励可以帮你挖能人，降低现金流压力，激励股东的中长期行为，让企业不用短期内挤出年终利润分红。

第一节　什么样的公司适合股权激励

长不大的企业不搞股权激励

我遇到过很多年轻创业者，三个人合伙创业，最后搞得一塌糊涂，被迫再次创业。这个事告诉我们，小公司创业一定要一个人说了算。

要搞股权激励，首先要想清楚这三个问题。

第一，股权激励是招兵买马的重要方式。十年前雷军创办小米，他当时说现在创业不是在找雇员，而是在找合伙人。尤其是面对“95 后”、“00 后”的新生代，他们主人翁意识爆棚，只有通过股权激励才能招到能人。

第二，降低现金流压力。初创公司即使拿到融资，也无法高薪挖人，你要挖个大厂的总监，人家工资、奖金都 100 多万元了，小公司没有这个实力支付人家工资。你可以给你想挖的人每月 3 万元的生活费，然后给他股权和期权。如果他不来，说明人家没看上你的生意，或者没看上你。股权和期权激励可以降低企业的前期成本，既能帮你找到能人，又能降低成本。

第三，股权激励是一种中长期行为。过去就有人问，企业搞提成和分红就完了，基层有销售提成，骨干有年终利润分红，干吗还要搞股权激励呢？这是一个好问题。销售分红跟股权激励有很大的不同。第一个不同，市场竞争激烈，企业需要大量资金，分完红现金流就会少一部分，不利于竞争。这还是次要的，最重要的是股权激励激励的是中长期行为，而利润分红激励的是短期行为。新兴领域的创业者深有体会，在新兴领域，什么是成本算得清吗？该给谁多少钱算得清吗？算不清的情况下，这个利润有可能是作弊作出来的，寅吃卯粮，在牺牲公司明年的利益、明年的价值。所以激励导向是短期行为还是中长期行为，这个大不一样。

第四，股权激励得真激励，不能忽悠。有人说我用股权把人忽悠来了，公司成本低了，能人也来了，结果人家不知道怎么把股权变现，这可不行。十年前有一个观点，如果公司不是奔着上市去的，就不要搞股权激励。我反对这种说法！股权怎么变现？直接上市可以变现。可是除了直接上市，还可以间接上市，比如把股权和期权卖给上市公司。还有一种股权变现方式就是，有新的投资人进来，跟新投资人商讨，给原来的团队 20% 或 30% 的股权变现。投资人可能看你们忍饥挨饿的，就同意了。

第五，亏损式扩张企业需要股权激励。我们现在有一批创业者，真的拿到了融资，但是为了抢占市场份额亏损式扩张，没有利润分红怎么激励下属？有一种办法是用拉新用户的成本来进行分红，比如你获得一个新用户的预算是 200 元，实际运营中低于 200 元的部分，可以视同大家的红利分给大家。比如你实际拉新客户的成本是 160 元，剩余 40 元作为利润，可以拿出 30 元分给团队。但是这也有一个问题——你怎么知道拉一个新用户的成本是 200 元不是 300 元？好多创业者根本没有这个仪表盘，也不知道该奖什么罚什么，这时候股权激励就是好东西，因为未来股权要变现，投资人或者买方会反复扒拉你公司的各项指标。

前面分享了股权激励的五个好处。但是，是不是有一些公司不适合股权激励呢？

十年前有观点说很多公司不适合股权激励。中国股权股改第一人郭凡生，是慧聪集团创始人，在他看来，没有不适合股权激励的公司，就看公司做得好不好。可是我觉得股权激励一定是为了长大，长不大的企业不必搞股权激励，比如你就开个社区水果店，非要股权激励吗？有点累。还不如借债，找亲戚朋友凑 30 万元比股权可能更省事。如果七大姑八大姨都是股东，等哪天你真赔钱了，他们可能会拎着菜刀来要求你赔钱。你的公司如果不是为了长大，就做一个年年有利润的买卖，不见得非搞成股份制。

不适合公司化扩张，就不要搞股份制

有些行业不适合公司化扩张，就不要搞股份制。比如会计师事务所、律师事务所、设计师事务所，你看是股份制吗？都不是，他们是合伙人制。比如律师行业，律师事务所看中的是你给我带来什么客户，客户看中的是哪个律师代理我的案子。同样，设计公司也有这个特点，所以这些公司适合合伙人制。合伙人是什么？会计师事务所也分红，但是高度独立核算，谁接的案子归谁管，摊点公共费用。这公共费用摊的时候都算得很细，比如房租，甚至打印纸都是每人一个打印卡，记录着是哪个小组消耗的打印纸。然后必须有一些公摊费用，剩下的就是谁的客户、谁的案子谁挣钱。剩下的钱以上交管理费的形式形成公司利润，合伙人分一分，这叫合伙人制。

为什么这些会计师事务所、律师事务所不适合融资呢？因为会计师事务所、律师事务所更注重合伙人的客户资源而非资金，每人出点儿钱，保障人吃马喂，然后靠客户来发展，不需要外部股东，因为谁能带来客户就能赚到钱。而这个客户一定是这些大牌律师带来的，大律师赢得客户信赖不是靠关系，而是靠自身的业务能力。靠带来的客户创造业绩就能分红，何必要给外部的投资人分红呢？外部投资人也帮不上你什么忙。何况法律服务有保护客户隐私的需求，搞股份制可能会导致信息保密性变低。

高度资本依赖型的公司不适合股权激励

高度资本依赖型的公司也不适合股份制，比如香港房地产公司老板找员工，年薪 100 万元不来给 300 万元，300 万元不来给 500 万元。万达、百度、腾讯三家成立合资公司飞凡网招 CEO，年薪 800 万元，房地产业是最典型的高度依赖资本的行业，房地产能不能做大一看大形势，二看谁融资能力强。为什么房地产公司不适合搞股权激励呢？地产行业就依赖两条：第一依赖大资本。第二，跟对大势，大势来了就能起飞，大势不好全线崩盘。那么他们怎么激励员工呢？直接给销售提成就行了。

不过万达现在也搞合伙制。它的合伙制划小核算单位，其实也是用股权激励的逻辑。

第二节　干股和实股怎么分？

干股和实股的比例没有一定之规

干股和实股怎么分？我看了十几本关于股权激励的书，一本也不推荐，因为这些书里概念没说清，也没切中我们企业主关心的问题。

大家知道，实股是真正的股票，可以直接卖了换钱。干股是个什么东西？这里有好几种说法。第一种叫创始股，有人认为干股就是创始股，不用出钱，凭概念、凭团队的能力拿股份。第二种叫身股，身股清代就有了，这个就是银行的银票票号，干得好就给你身股。改革开放初期，深圳就有送干股这种形式。那干股和实股这两个概念有什么区别呢？有人说区别在于一个可以卖股票换钱，一个不能卖股票换钱。两种股份能不能参与分红呢？当然能！能不能参与表决？又有人说拥有实股的人能投票；拿干股期权的人不该投票。错！该不该有投票权，该不该有分红权，全是创始人规定的。你没有分红权还搞什么激励呀？又有人说，干股和实股最大的区别就是实股出资人永远是股东，而干股持有人的股权，要跟他的服务年限或者业绩绑定，公司每满一年给骨干约定干股的 25%，四年后这些干股才全是骨干的。

你干满一年只能拿到约定干股的 25%，如果只干满一年你走了，后边 75% 就没了，这是第一个区别。第二个区别，假如干股是身股类型，那么你人得在这儿，人走了的话，你必须行权[1]。比如规定你六个月内要买，你不买视同你放弃。你走了，股票后面增值部分跟你无关，是我们在公司的人干出来的，后边增值部分你就无权享受了。也有的公司会给你保留干股，就是双方约定好一个价格，

[1] 行权：指的是股票期权持有人选择在期权到期日执行其权利，购买或卖出相应的资产。

你是放弃还是买？但这个价格是事先就说定的，不能人要走了你说一个高价，成心逼人家放弃，这个不合适。

互联网公司普遍是期权理论大行其道，为了吸引干活的人，给期权，但是购买期权也需要出钱，有的期权实际上是债务。但是我承诺四年，以年息多少给你。如果公司经营不善，我第一大创始股东买你的股票，或者只给你回本。即使回本骨干员工也有动力——最差他不亏钱，公司搞好了他能分红。

这其实是一种夹层融资，采取明股实债[1]的形式给其他人保本，大股东背负无限责任，公司破产了，创始人个人得还这债务。除非公司现金流紧张，否则我不建议这么融资。如果不缺钱的话，给员工干股是最好的。干股就是你不用出钱公司给你股权，这里面蕴含的道理是，互联网时代，资本和劳动都在创造价值。方兴东是著名的 IT 评论家，他认为，互联网时代，智力资本（天才之想）越来越重要。这是干股的一个基础理论。

干股跟实股的比例是多少呢？这个并没有一定之规。周鸿祎早年创办 3721，带着团队找 IDG 融资，创始团队拿了百分之六十多的干股。我们当当早期不懂，以为投资就是拿钱兑钱，总共才争取到 25% 的干股。原来当当新业务的副总蒙克，之前在淘宝天猫做中层，他融资做自有品牌化妆品——药妆系列护肤品，人家就靠这个概念融到了资。资本占了 20% 股份——我也是小投资人之一。

[1] 明股实债：是指投资回报不与被投资企业的经营业绩挂钩，而是向投资者提供保本保收益承诺，根据合同约定定期向投资者支付固定收益，并在满足一定条件后被投资企业回购投资者的股票或者偿还本息。

这个现象在互联网界很普遍。大家看《中国合伙人》节目，我、真格基金徐小平、IDG 的首席合伙人熊晓鸽，还有贝塔斯曼基金的龙宇担任嘉宾。嘉宾们看了很多项目，从炖燕窝的到开宠物店的，都说要融资 400 万元，只稀释 15% 的股权，等于 85% 都是干股。

三人合伙要明确谁当老大

创业者们是干股的主要分配人。可别学当当早期，外边不干活的投资人和我拿着钱兑钱，三一三十一[1]。我现在也经常遇到这样的情况，如果你遇到了，今后早晚不平衡。还有找我咨询的创业者，说一人出 50 万元，一人占 50% 的股份行不行。我说不行，你以后肯定心里不平衡。公司挣钱了，你会发现怎么有人躺着挣钱跟你一样多。

我早年有一个广告工程公司，做 CI 制作设计、施工，到处招标，目标客户是企业。创始人是我北大学弟。新华书店的门楣字改造，三分之二都是我们这个公司做的，我只是个股东。我们俩就是一人出了 60 万元，一人占 50% 的股份。我就坐等分红。学弟呕心沥血，今天到建设银行，明天跑中国银行寻求合作。前边我还跟着参与一点，等到人家做中国邮政项目的时候，我完全跟不上了。当当竞争那么激烈，我也没有精力参与这个项目。果然他就不平衡了，买了个奔驰车，买完才跟我说。我说："按说我是股东，你得跟我商量。"他说："我开着奔驰车，你是不是心里不平衡？"我说："没

[1] 三一三十一：原本是珠算口诀，表示三个人分十个东西一个人拿三个还剩一个。这里代指股权平均分。

什么不平衡，你那个生意就该那样，跟大企业合作，你坐一辆破车，人家不敢把项目工程交给你。”他觉得我这个股东真好。又过了两个月，他那个财务副总就给他出主意，说咱们呕心沥血付出很多努力，凭什么国庆坐享其成呢？

于是我主动提出来退出，我说我不能剥削你。你三年不开张，拿下一个企业就吃三年。我也不退资，给我每年 25% 的回报，剩下的你赚的都是你的，我不分了。

初创公司怎么估值？还是拿蒙克做化妆品举例，蒙克做化妆品，凭一概念，跟基金公司说，你们出 1000 万元，占 20% 的股份行不行？基金公司说，你什么都没干，我们得占 40%。

遇到这种情况怎么办？我跟著名的《创业家》杂志创办人牛文文讨论后，发现有一个方法能对付基金公司——自己先弄几十万或者 100 万元试半年。

这半年把模式跑通，比如在几个县级市和地级市做试验，数据跑通了，再估值 5 亿元。否则一开始什么都没做，你找投资人本身就很难。那么，怎么跟投资人谈股权占比呢？比如你出 30 万元，投资人出 70 万元，总共 100 万元股本。然后你要说，我需要给团队激励，请拿出部分股份作为期权分给团队。怎么分？我主张创始人团队要 60% 的期权。这时投资人会算你赚多少钱，你描述那个业务报表向投资人说接下来三年的发展模式。投资人出了 70 万元，拿出 60% 股份作为期权给管理团队，那他的 70% 的股权给稀释了 60%，还剩 10%，也就是 28 万元股金，这就是他占有的股份。跟投资人的较量很关键，也可以一开始就划分 60% 的期权给团队，

40% 是实股，在这 40% 的实股里投资人出 70 万元，你出 30 万元，咱们看各占多少。我知道大家遇到的多数股东不是这样的，如果是一个稳定增长的行业，你要不了 60% 的期权池，你可能只能要 30%，剩下的 70% 双方共出 100 万元，各自出多少钱商量着来。30% 的期权池是一定要有的，为什么？因为如果过去没有干股的话，投资人激励干活的股东跟不干活的股东是没有区别的，那么管理团队就得不到激励。如果没有 30% 的期权池，创始人往往需要拿出年利润的 30% 给管理层发奖金、分红。我不知道别人怎么样，但我肯定是这样的股东，管理层肯定得分 30%，何况他们来你这儿工作本身就是被压低了工资，如果没有分红那团队迟早要散。

我遇到的年轻创业者创业两年了。原来在当当的时候月薪 3 万元，创业这两年拿到 15% 的股份，月薪 1500 元。钱不够花跟人借，干劲冲天。他怎么在当当的时候没这么大干劲？这就叫股权激励。

饭东家创始人从当当离开去创业做自嗨锅。为了赢得股东信任不拿工资，当然股东给他 50% 的干股了。没有股权激励的时代，如果你真给公司创造了价值，也可以跟股东说给你干股的事儿，比如，股东 20% 的回报是 100 万元，那么你可以跟股东提超过 20 万元以上的部分能不能给 30% 或者是 40% 的分红，我想这是肯定可以的。所以股权激励就是一个连续函数。

我们在做电视节目《中国合伙人》的时候，徐小平喜欢的分法，也是投资人普遍希望的，就是首席合伙人得占到一半以上股份；可是我们遇到的更多的项目是首席合伙人占 80%，剩下的 20% 给团队，这样一来，大家都不满意。你抑制了自己去吸引别的合伙人，只能找些普通员工。

讲到当当的教训，最难的时候是我带着基层员工熬过来了。所以第二拨进来的人只给他们 15% 的期权，因为再过三年就上市了，他们也乐意。那是当当的艰难期，其实现在看，那时候当当有更好的盈利，给 15% 也是不对的，应该估值高一点，拿出 30%，员工的积极性就不一样了，而且能找来更优秀的人，否则摊到每个人身上的很少。比如 CFO 的股份才 1.5%，果然上完市他就走了，CTO 干了六年，股份大概是 1%。所以我的观点是，作为创始人，你占 51% 的股份，剩下的 49% 留给其他人。可是我看到很多的初创公司都不是这种格局，要不就是创始人 80%，其他人 20%，要不就是三个合伙人一人 33%，不知道谁更重要。如果不知道谁更重要，那就别创业。如果最早发起人不是今后管理公司的最合适人选，那你们三个合伙人就掰扯清楚，论证商业模式，论证怎么管理，论证怎么招兵买马，论证过去各自的履历，然后选出谁来当老大。如果说不清楚，找投资人的时候就问投资人，让人家说谁当 CEO，这也是权力的分配，当然要做到位。中国人往往一团和气，所以喜欢平均分配。这是我们这些人坚决反对的；我也不赞成创始人一股独大到 80%，最好 51% 的股份是一个人的，剩下 49% 怎么分就看情况了。

每个公司都有重要的前五号人物（不包括创始人），他们应该占据 40% 的股份。这 40%，你不要一次性全部发完，可以先发一半，明年看这些人的表现再说，这总比股份发完了，一年以后看着不行把人赶走强。每发一股都得绑定四年服务年限。最后剩下的 9% 的股份分给中层。

当当上市前，我们才给管理团队 15% 的股份，而且这 15% 前五号人物才分到 6%，太少了，9% 都给了中层骨干，对前五个人的激励是不够的。当然，当当属于零售业，零售业的核心竞争力是每个员工的努力，包括降低物流成本，提升运作效率等，所以股权分配相对平均了。多数企业不适合这么分配。

反对创始人股权平均分

合伙创业最糟糕的是股权平均分，北大人出来创业经常爱犯这个毛病——喜欢三一三十一。我们设计不出让你能躲避这个坑的方案了，所以投资人很看重创始人团队里面要有一个人一股独大。我跟徐小平交流，创始人要占 51% 的股份，最好占 60%，占了 60% 以后，今后再融资创始人还能占到 51% 的股份，就是说，到第二轮融资的时候，他还能拥有对公司的相对控制权。

前三号人物占到股份的 75%

初创公司前三号人物（含创始人）要占到公司股份的 75%。51% 的股权被老大拿走了，剩下那两人要有 24%，否则他们会觉得这不是他的公司。

我就遇到过很多创业公司想挖某个跨国公司的牛人，结果没谈下来，原来是给人的股权比例太低。比如陈腾华，原来是宝洁的能人，想进入创业团队，原来 20 万美元年薪不要了，到当当一个月就拿 2 万元，但是人家心里的底线是要超过 10 个点的股权，而公司只肯给 5 个点，就没有谈成。这样的案例比比皆是。所以公司第二号、第三号人物还拿不到 10 个点以上的股份，心理一定是不平衡的，工作的积极性肯定会受到打击，到最后，出了问题还是你一个人扛，真正拼命干活的也只有你一个人，但是我想说，一个人单枪匹马带动公司的那个时代已经过去了。

全员持股

公司要不要实行全员持股？我主张全员持股，这是一种企业文化。当当设计股权架构的时候，我们请教了网易，请教了新浪总裁汪延。他跟我们说腾讯早期连前台、保洁都有股份，所以公司一上市，每个人都能买得起一辆宝马。全员持股是一种企业文化，怎么给全员分股权呢？ 75% 的股权已经被三个主要创始人拿走了，第四到第十号人物是公司的骨干，应该在剩下的那 25% 里占一半，最后剩下的一半，留给剩下的全部员工。

第三节　干股为什么要绑定服务年限

为激励员工、鼓励其投入更多心血和努力，而授予他们股权。将股权与服务年限绑定的做法是为了确保员工在公司稳定工作一段时间，以实现公司的长期发展目标，同时也是为了防止员工短期内就抛售股票而离开公司。这种做法在股权激励计划中是比较常见的。

绑定服务年限有哪些好处呢？

长期激励：股权激励的目标通常是激励员工长期投入、持续创新，以促使公司取得可持续的成功。通过将股权与服务年限绑定，公司可以确保员工有足够的时间参与公司的长期发展。

稳定团队：公司希望建立一个稳定的团队，避免员工频繁离职。通过绑定服务年限，公司可以鼓励员工在公司工作更长的时间，提高员工的忠诚度。

对抗流动性风险：如果员工在短时间内就可以获得股权并出售，可能会导致大量员工在短期内流动，增加公司的管理和培训成本。

匀速行权法还是加速行权法

股权绑定服务年限后，那么如何发放股权呢？

这里有两种行权法，一种叫加速行权法，一种叫匀速行权法。

五年前，京东开始把期权和四年工作年限绑定，但不是说每年给四分之一，而是第一年给约定期权的 5%，第二年给 15%，第三年给 35%，第四年给 45%。这是加速行权法，就是按照你的服务年限给你的干股比例加速往上提。匀速行权法就是每年给的干股比例是一样的。对于一家初创公司，加速行权法就比匀速行权法要好。在公司进入成熟期后，匀速行权法比加速行权法要更加适合。

比绑定年限更重要的是绑定业绩

如果公司做得好，越往后期权越值钱。因为一下给你 100 股说的都是今天的股价，而到明年增发的时候就是明年的股价，后年增发就是后年的股价。

其实比期权绑定年限更重要的是期权绑定业绩，可是作为小公司和初创公司，创始人往往不知道员工取得什么业绩该重奖。如果你想得清，会让你喜出望外，好多小公司的老板就是在这个业绩激励上想明白了的人。好多人问我，要不要给只出资源不干活的人分干股？有一种观点是，你可以分自带资源的人干股，他不用到公司来上班，公司也不用给他发工资。我的观点是，资源股可以有，也应该有。尤其小公司，你雇那么多人坐这儿干吗？发着工资，你还管不了人家，这不是给自己找麻烦吗？资源股可以一对一发，什么资源带来多少销售，可以给相应的资源股。还可以把干股变成顾问费。我之前就老请顾问，为了发展服装板块业务，我把王府井百货的前副总挖来做我的顾问。有些行业不见得直接跟销售挂钩，比如生鲜，这时候就不能把资源股和销售额联系在一起，我只能要求他服务的时间是多长，比如每个月参加一次例会，每周给我写一个报告，每周做一场培训等。资源股可以分成两部分：一半干股是保底的，比如根据服务合同顾问一个月要给我多少时间，或者每周给我做多少次管理和战略咨询然后给你这些干股；还有一半干股要根据我的感觉给他加，也就是增发，而不是一下子全给他，这是资源干股的分配。

第四节　提前设置退出机制

散伙是个技术活儿

初创公司合伙人股权怎么退出？注意我说的是出钱又出力的合伙人，不是外部的投资人。

前一阵子，某气象服务公司的首席创始人遇到了烦心事，合伙人退出了，想把钱拿走，公司陷入现金流危机。他把当时的入股协议拿来给我看，我吓了一跳。原来他拉两个好同学一块儿创业，另外两人信心不足，他还是拉上他们一起创业，并给另外两人兜底，还保证如果四年内不发生融资或上市，他按照年利息 8% 来偿还另外两人的本息。这不跟借债差不多了吗？结果四年到了公司也没上市，也没有融资，陷入危机。这种兜底，拉人凑钱倒是容易，就是只能共富贵，不能共患难，一旦公司遇到困境，或者其中一个合伙人有更好的机会了，公司立马分崩离析，这是很糟糕的。如果打官司，这个首席合伙人一定输，因为合同规定得很清楚。

什么是良性的退出机制？

良性退出机制是指公司合伙人退出公司后不影响公司正常运营和发展的一种机制，在退出机制里需要注意以下几点：

退出期限和通知：合同中可以规定退出的期限和通知时间。这样的规定可以给其他合伙人和公司有足够的时间来应对合伙人的退出，并做好相应的安排。

非竞争协议：在合同中加入非竞争条款，以确保退出的合伙人在退出后不会成为公司的直接竞争者。

分阶段支付：在合伙之前，几个合伙人就约定好如果有人要退出，合同可以规定分阶段支付退出款项，而不是一次性支付。这有助于分散风险，并减轻公司的财务压力。

下面我来跟大家讲讲常见的两种退出方式。

一种是公司内部买走合伙人的股权。

公司内部如果有人对合伙人股份感兴趣，可以和公司股东、管理层进行沟通，并对公司进行评估，以确定价格合理。如果股东、管理层没什么意见，那就可以让公司内部的人购买股票。

股权退出还有一个方式，就是新投资人买走退出人的股份。因为心不在一起了，或者想法差异很大，不管是你不想让他干了，还是他自己想撤出了，那最好让新投资人把他的股份买走，为什么呢？企业发展得蒸蒸日上，他占的股份比例很大，因为他已经没有新的贡献了，一直占着股份，就会影响你分股份给其他人来激励其他的新合伙人。

这两种退出方式一定要注意是公司发展得不错，才有人买公司股份，如果公司做赔了，只能清盘散伙。

期权发多了怎么办？

有人问期权发多了怎么办？这是每个创业者最该想的问题。处理期权发放过多有很多灵活的处理方法，比如重新估值、期权回购、调整期权发放政策、与员工进行沟通调整等都是可以的。下面我就与员工沟通这个情况跟大家讲讲。

我遇到过类似的困惑。当当早期发的叫创始股，离开公司不收回。有一个人发多了，当当前身时他是总经理，后来他离开公司了。特别有意思，他想以 6 万人民币让我们回购他的股份。当当早期的骨干都是他给我留下的，我觉得他真是个人才，就说:“你听我的，股票别卖，再过几年当当上市，值 400 万美元。”他将信将疑，果然四年后当当上市了，他的股份在股价最高点的时候值 800 万美元。后来，我们觉得给他太多，得扣一半。人家不答应，要告公司，因为没给他股权证，但邮件都有痕迹，告得赢。最后我这样说:“你看看啊，为什么说给你给多了呢？你招来的人都拿得很少。你离开有六年了，结果拿这么多，不合适。这样吧，我承诺从你这儿扣的不装到我兜里，而是给你原来的部下，以原始价格 0.5 美元一股。发给谁，我给你一个名单，然后我跟他们说是你主动给他们的。”

结果他说:“你这么说，有点道理，我还爱听。”

我问："那扣多少呢？"

他说："扣 50% 太多了吧？"他想扣 20%。

最后他说："你是大哥，扣多少你说了算。"

我说："那我就说了，扣 30% 吧。"

成交了，扣了 30%，发给了他的旧部。

这个人就是现在蔚来汽车的创始人李斌。他的股份等行权的时候已经不值 800 万美元了，股价跌了，值 400 万美元。

期权发多了，我作为创始人，不想被稀释怎么办？这是不行的，既然要稀释股权，那么大家都要稀释，每人稀释 10% 或是 20%。等到增发的时候，你可以说我贡献大，我要留多少股份，剩下是你们的，这个能谈。

股权激励的主要方式是发期权。刚开始创业的时候，你可能需要 100 万元，合伙人根据重要性按照比例出钱，不是有钱就可以多出。有人能出得起 100 万元，但是对公司的业务没有帮助；另外一个人只能拿出 5 万元，可他贡献很大，怎么办？所以，为了激励合伙人，你在分配股权之外再设一个期权池，股权是凭自身拥有的资本入股的，期权是凭自身本事得到的，本事越大，得到越多。

所以，股权和期权需要分开。因为有的人不怎么能干，家里有钱，公司注册资本 100 万元，他一个人就能出 80 万元，变成大家都给他打工了，其他人肯定不平衡。

离职，期权是带走好，还是卖给公司好？

请问公司期权，离职是带走好，还是卖给公司好？

我主张，让员工带走。离职的时候，只要员工没违反公司的规章制度，没有伤害公司，不要半年行权，因为今后你有机会增发稀释它，它不是永远这么多，所以我觉得还是让员工带走好。

很多优秀的企业对待员工非常人性。美国有这样的公司，我辞退你，给你 N+1 的补偿。你主动辞职，我也给你 N+1 的补偿。员工想离职了，工作大概率干不好，最后三个月可能会心不在焉，既然如此，还不如给他补偿，一方面是对他过去的贡献的肯定，一方面是员工也会感恩公司，在剩余的日子把工作做好。

当当前身出版服务公司的销售总监，在离职前的最后一天，还在管理业务，推动业务。如果离职员工能带走期权，那他在你公司的每一天，都会努力地给你创造价值。

对待员工这方面阿里很牛。阿里上市前追着离职员工给期权，一个人离开阿里已经五年了，在当当做产品总监，都被追着给期权。这是阿里上市前发生的，人家要公司的品牌形象。公司员工离职以后可以是你的品牌传播者，也可以是品牌的摧毁者，至于他是哪种人，全看公司怎么对他。

·第四部分·

商　业：　坚　持　做　难　而　正　确　的　事

把握事物的底层逻辑，顺势而为，人生还能再次辉煌。

在创业的过程中，我们会面临无数选择，有些事情看似容易，却未必是正确的；而有些事情则需要付出非常多的努力，但却是非做不可的正确的事。坚持做难而正确的事，是一种高尚的品质，是塑造品格、推动个人和社会进步的源动力。

创业过程中有很多诱惑，尤其是面对赚快钱的时候，我们很容易选择走捷径，寻求短暂的快感，但这往往是一件捡芝麻丢西瓜的事。坚持做正确的事，可能需要付出更多的时间、努力和耐心，但这种坚持是一种对内心深处价值观的坚守。歌德有一句话说的是，你要是认同自己的价值，你就要给世界创造价值。但我喜欢把这句话反过来说，你要想给世界创造价值，首先要认同自己的价值。

在商业领域，面对诸多决策，有时候我们可能会遇到“不讲武德”的对手。他们可能会通过抄袭、垄断、低价劣质产品等手段跟你竞争，这个时候坚守原创、开放、高品质反而可能是一件极其困难的事情，但是我们必须坚持走我们自己的道路，只有这样，在长期竞争中才会变得更有韧性。

在个人成长的道路上，坚持做难而正确的事同样至关重要。学习一门新技能，战胜拖延症，迎接挑战，这些都是需要付出努力的事情，对每个人都不容易，但是我们也要坚持去做，只有这样我们才能够不断超越自己，实现更高层次的成就。

第十一章

持续盈利才是好的商业模式

如果创业者处于用户、技术、资金都不缺的阶段，那么他可以集中精力考虑用户需求、产品和商业模式。而未来企业靠什么活下来，其实就是靠产品和商业模式的组合拳。

第一节　怎么赚钱，赚谁的钱

要么赚钱，要么增长销售额，要么增加用户数量。从早期哈佛商学院教授开始探讨什么是商业模式，到最近几年互联网行业让商业模式进入大众的视野，关于商业模式的讨论持续了大概二十年。

十年前，IDG 资本的周全说："商业模式就是怎么赚钱，赚谁的钱！"在他看来，商业模式就是盈利模式。然而，近几年的初创企业闪电扩张，却和这个观点背道而驰。蔚来汽车、京东的财报都呈现出亏损的状态。甚至周鸿祎在建立 3721 网站的时候，坦诚地和投资人说："我不知道怎么盈利！"而就是这样，他还受到了投资人的热捧，最终上市。周鸿祎在回答什么是商业模式时这么说："如果你不盈利，商业模式就是你的用户增长模式。"但是，还有很多企业并没有机会免费获得用户，也暂时没有利润，那么对于他们来说，商业模式就是他们的销售额增长模式。

可以看出商业模式其实分为三个层次：第一个层次，如果公司盈利，商业模式就是怎么赚钱；第二个层次，如果公司不盈利的话，商业模式是销售额增长模式；第三个层次，如果公司既没盈利，也没销售额，商业模式是用户增长模式。但无论你如何定义自己的商业模式，你始终都要回答以下四个问题：

第一，你的用户是谁

就像钓鱼一样，精准定位用户就是找准鱼群的所在，而不是随意抛网。知道自己的用户群体在哪儿，那么产品设计和市场营销就有了思路，最终公司就可以从众多竞争者中脱颖而出。那么，你的用户究竟是谁？这个问题看起来好像不难回答，但实际上你要真去了解不下一番苦功是不行的。

首先，我们需要明确定义我们的用户群体。我们的用户是男人还是女人？是中年人还是年轻人？是中产还是低收入者？这个在创业阶段就需要我们去研究分析。其次，当我们有了明确的目标群体后，轻易不要动摇企业战略定力，朝着这个群体坚持深耕，一定会有收获。

举个例子，小米十分清楚自己的用户是谁。很多企业家朋友都会嘲笑雷军，说你这小米手机卖出那么多台了吗？我们怎么没人用啊！我说："怎么了？人家压根儿就没打算把我们当用户。"我之前故意用小米手机发发朋友圈，发发微博，结果有粉丝说："李总，您作为大佬，也用小米手机呀！"雷军私下对我表示过感谢，但人家也不再送我手机了，因为我不是他的用户。我们姑且不讨论小米的真实用户是谁，但毫无疑问，小米的用户一定追求产品的性价比。

第二，搞清楚你能给用户提供什么价值

研究用户是一个持续跟进的过程。这需要企业不断地搜集、研究和分析用户数据。用户的需求可能随着技术发展和社会变化而发生变化，因此公司需要时刻保持市场敏感性，以便及时做出调整，给用户提供你能提供的独特价值。

我曾受邀参加一个聚会，而今的 SKP 董事长、当时的华联集团创始人吉小安，在自我介绍的环节这样说道："我就是那个卖葱、卖蒜的。"在座的人哄堂大笑。我说："你严肃点儿。即使'卖葱、卖蒜'，你要讲清楚你给顾客提供了什么价值。"我知道一个针对小餐馆的生鲜采购网，这个网站的业务可以说就是"卖葱、卖蒜"，它们解决的是小餐馆采购账目不透明这个痛点。网站不仅直接送货上门，降低了小餐馆采购的物流成本，还帮餐馆把蔬菜清洗干净了。但问题是，经过它们的清洗加工，蔬菜马上就损耗了 30%，它们提供了顾客不需要的价值，这样的模式自然很难继续下去。

第三，如何利用独特价值赚钱

如果前两个问题你都回答了，那么此时我们需要回答第三个问题：怎么利用独特价值赚钱。这个世界上，有门就有路，有路就有门，不存在我们提供了独特价值却没有挣到钱的情况。我们参考前边那个蔬菜采购网站的例子，他们提供了明晰账目，降低了物流成本和人工成本，但小餐馆享受服务的同时，也要承担巨大的损耗。所以如果网站能让顾客接受损耗这件事，那么这就是网站的盈利模式。再比如，我们在日常生活中都会接触到的剃须刀。其实剃须刀主要靠刀片赚钱，因为刀片是易耗品，剃须刀本身赚不到什么钱。再比如，小米的硬件产品都价格亲民，但是小米应用商店里提供的内容，却为小米贡献了不少收益。乐视电视也是，曾一度宣称自己每台电视要亏 200 元。但如果你仔细去算这笔账就会发现，乐视电视靠价格优势抢占了市场，那么它就抢占了用户的内容接收窗口，不论是电视、电影还是广告，都能成为它获取收益的途径。所以你看，想要真的搞清商业模式，就要回答这三个问题：你的用户是谁；你可以给用户提供什么价值；如何利用独特价值赚钱。

第四，你要有独特的资源整合能力

不过，光回答前三个问题还不够，我们还有第四个问题，那就是，你是否有独特的资源整合能力。独特的资源整合，能帮你形成独特的竞争优势。在传统商业中被广泛强调的人、财、物、产、供、销，也就是现代商业中所提到的供应链，能帮我们形成独特的竞争力。我曾经一直困惑，为什么很多购物中心并没有什么差异，也没提供什么独特价值，到底是凭什么赚钱。后来我发现，它们的核心竞争力——供应链系统，帮它们在市场中获得竞争力。

整合资源这方面有一个杰出人物，他就是杰夫·贝索斯——亚马逊的创始人。亚马逊最初只是一家网上书店，但随着时间的推移，贝索斯意识到如果把其他商品也整合到网上来卖，那不是一个超级大的蓝海吗？于是他立刻开始做这件事，让亚马逊变成了一个网上“沃尔玛”，涵盖了图书、电子产品、日用百货、食品等商品。这种资源整合使得亚马逊一跃成为超级互联网公司。

后来，贝索斯又意识到网购和物流体系之间有着紧密的联系，于是他通过租赁、购买货机，保障货物能在全球快速、高效运输，又在地面投资建设了大量的配送中心和配送站，使得地面运输也变得十分便利。同时，他还建立了自动化仓库中心，这些先进的技术让亚马逊能够从容应对大量订单。

贝索斯除了整合外部资源方面有很强的能力，在整合内部资源上，他同样是一个高手。

贝索斯非常注重在亚马逊内部培养技术天才和营造创新文化。亚马逊是允许内部孵化项目的，并将其整合到公司的业务中。Kindle 电子书阅读器、Amazon Echo 智能音箱就是内部孵化的优秀产品。

除了自身的优势，亚马逊还会通过并购其他公司等方式扩大其业务。总而言之，贝索斯在整合资源这一块，真的可以说是顶级高手。

第二节　要学会创造需求

只有创造需求，创造新市场才具有价值

谈到企业发展，势必要谈到竞争，但我们一定要参与最激烈的竞争吗？这就要看企业的商业模式。在过去几年，市场上各种倡导发现蓝海领域，从零开始构建商业模式的书籍层出不穷，这恰恰说明了市场有创新和创造的需求。经济学家熊彼特提出，只有创造需求，创造新市场才具有价值，否则企业只能在你死我活之间厮杀。一个企业率先发现新的需求，能至少获得三年的利润空间。但是现在市场变化很快，跟风模仿的人也层出不穷。所以，最好的应对策略就是不断发现新的市场需求。我在前边提到，最伟大的商业模式就是创业者们的天才之想。这句话其实来自哈佛商学院发表的一篇文章。天才之想就是发现了过去没有人发现的用户需求。经常有年轻人问我："我能不能创业？"我都反问他："你有洞察力吗？你是否真的发现了尚未被满足的需求？"我们要拒绝低水平重复，发掘天才之想。

搜索引擎的诞生就是满足了未被满足的需求。网络上有海量的信息，但如果没有一个筛选、检索的工具，我们就很难找到自己想要找到的信息。这也是为什么是搜索引擎而不是别的什么撑起了早期互联网的江山。

发现蓝海，发现利润区

十年前，李开复跟我说，搜索的最高境界就是你不搜索我都知道你要什么，然后进行个性化推荐，今日头条做到了。

今日头条通过优化搜索技术，让信息流广告而不是网页上的横幅广告帮他实现了高效盈利。今日头条怎么盈利呢？盈利不是靠横幅广告了，现在叫信息流广告。你搜索“望远镜”这个关键词，马上给你弹出的是介绍望远镜的文章及望远镜的周边产品，这是信息流广告。难道别的人就没想到吗？当年新浪 CEO 汪延靠卖广告为新浪赢得了巨大收益。我们聊天的时候，我问：“你的横幅广告越来越贵，流量也越来越贵，企业投不起怎么办？你的底层页、中间页、相关页都闲置了。”他说：“没办法，只有横幅广告卖得出去！”因为当时的广告主不接受不能随时看到广告。老板一上班就问下属：“小李，你们说在新浪上投广告，横幅在哪儿呢？我怎么没看见？”下属还得跟老板解释是下午 2 点到 4 点呈现，那时候连分段包时都卖得很困难，你要包就包一天。而今环境变了，客户变了，信息流广告大行其道，今日头条才获得了巨额收益。所以创造需求不仅得创造价值，还得创造出盈利模式，三合一才能发现蓝海，发现利润区。

第三节　持续竞争的优势之源

要做攻略，不要说走就走的旅行

可能有人会问如果发现不了新兴的需求，是不是就不需要商业模式了？答案是不。商业模式事关企业能否持续发展，能否继续存活。一个企业如果说不清自己的商业模式，今天往东，明天往西，很容易做无用功然后被竞争对手打败。其中，最典型的例子就是小米手机的市场营销理论。

雷军强调定力，强调事先做好计划。早在小米成立之初，雷军就说："我就不花市场营销经费。"当时，同类型的产品，可能会把销售额的 10% 用于营销，而小米却把营销费压缩到低于 1%，省了 9 个点让给用户。他还有第二句话："我雷军就是品牌！我雷军就能带动小米这个品牌。"这就是创业者 IP[1] 的巨大价值！

小米成立的时候，雷军明确说："我就不到线下销售。"为什么？线下销售毛利率太低。不同的品牌，可能要给线下这些零售企业贡献 1% 到 19% 的利润点。小米不干，它选择把给线下渠道的

[1] IP：能够凭借自身的吸引力，在多个互联网平台上获得流量的人或产品。

这些利润点让给顾客。而这，正是商业模式的力量。

不同阶段，一种模式能不能坚持到底？

沃尔玛和家乐福是两个经常会被放在一起比较的竞争对手。家乐福不搞配送，每个家乐福的店都由当地批发商、经销商或者品牌商直供。而沃尔玛一定有一级配送中心、二级配送中心，所以沃尔玛能快速迭代配送，减少了缺货的情况，并为顾客降低了物流成本。

如果没有自己的配送中心，便利店是开不起来的。7-11 便利店早期的成功就是因为它做到了“一天三配”。比如，一家便利店的顾客需要两只牙刷，哪个供应商能把这两只牙刷送去？根本不可能。而 7-11 因为有自己的配送中心，就能办到。

所以我们讲，每个企业的商业模式是竞争之源，每个企业的核心竞争力不一样。比如海底捞，它的核心竞争力是什么？很多人说是服务。但在我看来，不管是服务员陪你聊天，给你剪指甲，还是给你提供其他超预期的服务，其实本质还是折扣战。比如，我去经常去的海底捞问，上次接待我的小张在不在？对方不仅会把小张叫来，还会给我送个菜。送菜不就是折扣战嘛。那么海底捞的核心竞争力是否就是折扣呢？其实也不是，它的核心竞争力是高度授权。很少有餐饮公司能把权力下放给服务员。围绕高度授权，它打造了充分的信任文化。它的管理层一定是内部培养、提拔的，不搞空降，它的管理核心在支撑商业模式。

所以，虽然很多企业没有发现新兴市场，但是在存量市场里形成了自己的竞争优势，别人也模仿不了。

第四节　商业模式的定位论和综合能力论

理想的情况当然是我们发现了新兴市场，发现了用户的新需求。但多数企业并没有这个机会。如果你能做到在某个细分领域为用户提供独特价值，这也是一条出路。但如果这两条都没做到，就没办法了吗？其实还真不是，有些企业既没有创造、发现伟大需求，也没有在细分市场里找到独特的顾客群体，就靠它们的经营管理能力，让别人不好竞争。

比如前面提到的海底捞，同样是涮肉，有什么独特的用户、独特的能力？再比如零售业，多数零售业其实千篇一律，就是靠综合能力盈利。一些国际大型超市集团经常是一年赚钱一年赔钱，而那些知名咨询公司的咨询师在解读这类集团的商业模式时，一会儿说其核心竞争力是物流成本比竞争对手低，发现不对劲后又说选址能力是核心竞争力，员工的自主积极性是核心竞争力，总的来说就是无法做到自圆其说。

零售业商业模式：在中间地带搞模式创新

先看零售业。当年当当开始融资的时候，有投资人听了我们的模式后问："你们的商业模式就是赚差价？"当时我就跟他说："哥们儿，所有零售都是赚差价好吗？”但是赚差价又形成了不同的商业模式，它们互不兼容。

超市的商业模式是什么？生鲜为主，生鲜占到 65% 的销售额，百货类只占 35%。超市分大超、中超和小超。大超营业面积 1 万至 2 万平方米；中超 5000 平方米左右；小超就是便利店模式，营业面积百八十平方米。

四川红旗连锁超市上市了，刚创办时我就认识他们老板，我们在云南企业家峰会上见面，我说你一定能成功。人家在成都已经开了 1000 家小超市了，大型社区前后门各有一家，这叫便利店。有一年当当准备进军百货，我跟红旗超市的老板说：“你到当当入驻，客户在当当买东西，从你这儿拿货，就是现在人们说的把超市搬上网。”她说：“我不能上你的网！”我说：“怎么了？”她说：“我一上你的网，我的价格就透明了！”当时我还不懂，价格透明意味着什么。

后来我请教罗兰贝格前董事、总经理王敬，他当过我们当当百货的高级顾问，现在是京东的副总裁。他和我说，很多人可能都没有发现同样的东西，便利店比中等超市贵，中等超市比大型超市贵。因为不同的卖场，提供的便利程度不一样，价格就会不一样。不同的模式，自然会带来不同的定价策略。

再看购物中心和百货公司。百货公司的营业面积是四五万平方米。中国的百货公司老板告诉我，百货公司通常没有吃喝玩乐。其实百货公司在西方的概念里是大宗采购的公司，就是百货公司把货买进来，产权就转移到百货公司，定价权也在百货公司手里。

购物中心通常在 10 万平方米以上，最大的乐天恨不得能达到

30 万平方米。它的模式就是一个一个出租店面，定价权在货主手里，人家品牌商在这儿开店，或者经销商在这儿开店，它做不到满 100 减 30，如果做，一年顶多做两次。因为货的定价权不是它的，积压的货也是店主的，购物中心就收租金和倒扣流水。购物中心第二个特点是什么？一定是吃喝玩乐一条龙服务。如果我们仔细观察就会发现，现在越来越多的购物中心把娱乐板块纳入发展的重要一环。

一个零售业，就有这么多具体模式的区别。也就是说，只要稍微改变一点儿，我们就可能迎来生机。比如北京的汉光百货，仅仅四五万平方米，被它创造性地腾出空间给餐饮，结果餐饮既给它带来了人流量，又给它带来了利润。

谁说空间小就不能搞餐饮呢？比如说超市，现在很多超市不仅卖生鲜，还提供现场烹饪的服务，甚至给你提供了用餐的地点。盒马生鲜就是这么做的，龙虾买回去不好做，盒马生鲜给你烹饪，还可以提供就餐地点，但是它提供的就餐环境比较简单，就像食堂一样。这两年兴起的 T11 生鲜超市则进一步修正了这种模式，还是只收你加工费，但是把就餐环境提升到中高档餐馆的水准。也就是说，只要我们能在一个既有模式里找到一个中间地带，这就是创新。

服装业商业模式：在快时尚中不断迭代自己

服装行业里既有百元左右的品牌，也有一件西装就上万元的品牌。那么服装行业又有怎样的模式差别呢？

主要是快时尚品牌。快时尚品牌的最大特点就在于快。传统品牌用心打磨六个月才推出自己的产品，快时尚品牌则擅长“七天打版，快速上市”。很多快时尚品牌都会准备一大笔费用，以赔付他人的知识产权费。但这笔钱和他们的利润相比，只占很少的一部分。这个模式也导致了快时尚品牌普遍库存积压少。

很多服装品牌，成本可能只有 20 元，但是售价却高达 200 元，其中就有周期和库存的原因。而快时尚品牌拿到“参考”后迅速上市，卖断了就卖别的，解决了库存和周期的问题，他们的定价自然就很低。

不同风格的快时尚品牌，因为顾客群体不同，甚至选择的店员的年龄、容貌和姿态都不一样。特定人群，特定需求。我们都知道优衣库走简约风格，但光靠风格简约这一点，优衣库也不能达到今天的成绩，简约最容易复制！于是，优衣库找到了一个别人难以模仿的方向，就是每年都在材料工艺上创新，让顾客用更低的价格，享受到更高的品质。这就是这个品牌独特的地方。所以，材料创新，就是它的商业模式。

餐饮业商业模式：不同的经营理念打不同的牌

提到川菜馆，我们的固有印象总是这类饭馆装修较差。而俏江南的独特之处就在于他们的店面装修很有档次。张兰大姐早年在加拿大吃了不少苦，回国以后出手大方，结交了一批演艺界朋友。俏江南把店选址在最好的购物中心，就是因为它主打环境氛围这张牌。

再看跟它相反的例子——眉州东坡。早年我对眉州东坡的印象就是虽然环境简单，但是吃着真香！中餐想要做到每道菜每次吃都觉得好吃并不容易，因为传统中餐厅的做法通常是新餐馆开张前三个月，用最好的大厨，等三个月后，让这个厨师的徒弟接手，大厨再去别的餐馆，这叫“开荒厨子”。所以好多餐馆开张三个月后你再去吃，味道就不对了。可是眉州东坡却能做到每次去每道菜都好吃！我吃了几次后，和当时《时尚芭莎》的出版人苏芒说：“我猜这家餐厅的商业模式是厨子当道，选址、装修都不重要，一定是那个大厨拿的工资最多，参与了销售分红，甚至给了股份。这个老板一定是厨子出身。”苏芒看着我惊讶地说：“神了！我正好认识老板他们两口子，我给你介绍介绍。”

说完了中餐，我们再来说说西餐。沃夫冈牛排是美国纽约的加盟品牌，是一家迅速实现盈利的西餐厅。很多有了一定资金的人都想开餐厅，但是往往这类餐厅寿命也就一年，第二年就要转手，就算是做得好的餐厅，也往往需要一年的时间才能回本。而这家西餐厅做到了三个月回本，当年就赚钱。沃夫冈牛排是一群金融从业者投资开的，请的也是专业的职业经理人。当时他们也曾邀请我做股东，但是他们餐厅有一个规定就是，无论是股东还是股东带的人都不能打折。我当时还和他们开玩笑说：“世风日下，股东都不打折，连八八折、九折都没有。”后来他们马上扩张了。

于是，我知道了，这家餐馆的核心资源是股东，股东作为金融从业者，这类人在餐厅边吃边谈工作的习惯让他们自带人流。同时，他们用先风干的牛肉做牛排，保证了口味的稳定。于是这家品牌现成、口味稳定的餐厅，每到一个新的城市，就在那个城市招募新的股东，新的股东又给餐厅引流，一人出 100 万美元，这个事儿就搞定了。

出行行业商业模式：羊毛出在猪身上，狗买单

在共享单车普及之前，很多人都想不到它能成。

共享单车是怎么做起来的呢？首先是烧钱，你要有足够多的钱，把车铺在市场上。然后，调动起年轻人骑车的需求。年轻的 KOL（关键意见领袖）骑着自行车，立刻带动了其他年轻人用共享单车代步。同时，这个需求也是真实存在的，从地铁口到家门口一两公里，打车、坐公交或者自己买个车都不太合适，共享单车的出现正好满足了这种需求。

我曾经问一位共享单车创业者："你们的模式是什么呢？"对方回答："我们就是免费。今后叫羊毛出在猪身上，狗买单。"这句话在互联网圈很流行，说的就是要跨界，即使不盈利，也要积累海量用户，然后做金融。

娱乐业商业模式：要保护文化的创造性

很多人都有自己固定浏览的视频网站，国内有爱奇艺、腾讯视频、优酷，国外有奈飞、亚马逊等。但是很多国外视频网站都是盈利的，而很多中国视频网站每年却都是亏损的。阿里的季报亏损最

大的就是大文娱，也就是被我们广泛使用的优酷。爱奇艺每年也亏着数百亿元。为什么同样是视频网站，别人赚钱，而咱们亏钱呢？根源还是商业模式。

第一个问题，在于用户的付费习惯。我们大多数用户普遍没有为了剧集付费的习惯，所以经常会有这样的情况出现，前边几集是免费的，后边才开始收费。这就导致了剧集不注水不赚钱，结果造成了两方承担损失。

第二个问题，会员费弊端明显。爱奇艺为了盈利，带头收年费、季费、月费。举个例子，一张专辑上收录了十三首歌，而很多歌手并没有这个创作能力，整张专辑其实就两首能听，另外十一首都是注水歌曲，但用户却要为整张专辑付费。本来视频网站是按收看付费，可是在爱奇艺的带动下大家都开始卖年卡了。而卖年卡对内容的要求其实是非常高的，用户买的是预期。卖了年卡之后，版权方的分成拆账又是一个问题。

第三个问题，平台自制剧抬高了内容成本。爱奇艺、腾讯、优酷，本来是播放平台，扮演的是电影院的角色。电影院就应该和大家分账。但是三家视频平台为了竞争，搞了各种自制剧。爱奇艺CEO 龚宇曾经说："我们买一集电视剧的成本是三四十万元，贵的70 万元一集，还不如我们自己拍，五六十万拿下了。"我当时就跟他说："你们三家竞争，把电视剧采购价格抬上去了，那是暂时的。如果你变成自制，这时候演员成本、导演成本、编剧成本都会被哄抬起来，仍然没解决你今天单集采购成本高的困境。最好的模式就是没有保底，大家拆账，你看各个电影院不都是拆账模式吗？当然你如果一定要自制，也就相当于零售业说的自有品牌，零售做自有品牌很难！那自制也就只能占你播放量的10%~20%，多了你这个平台就不会有好东西了。”

名导演如果对自己的作品有信心，不拆账他会觉得自己的钱赚少了。自制剧的导演，因为被“豢养”，可能会丧失创造性。同时，文化产品因为定价不明晰，更容易在采购环节滋生腐败，这些谁能说得清呢。

所以，这三个问题导致它们至今还在亏损的泥坑中越陷越深。

作为一个创业者或者管理者，你必须了解别人的撒手锏是什么，自己能否避开对方的强项，能否复制对方的强项，能否超越对方的强项。创业者和管理者，必须学会创新商业模式。不管是发现新的需求，还是通过综合整体论来打造竞争优势，创业者和管理者只有先把对方分析透了，才能在商业模式上实现创新。

第十二章

想清楚我们要去哪儿，怎么去

到底是战略决定成败，还是执行决定成败？其实，两者都不能被忽视。

第一节　创始人的个人优势比赛道更重要

很多小微创业者，尤其是之前有过失败经历的小微创业者，总是会问自己想继续创业的话应该选择什么方向。MBA 教科书讲了选择创业方向的两个维度：第一，市场规模够不够大，赛道够不够多；第二，这个赛道的竞争程度。

其实这些都是给投资人讲的，并不适用于小微创业者。投资人拿着钱琢磨选赛道，创始人却几乎没有选赛道的余地，钱是投资人的主要资源，而不是创业者的。大多数创始人并不是一创业就能融几千万、上亿的资金。创始人的核心竞争力和资源优势是什么，这才是最重要的。但是教科书却很少强调这一点，这是因为资金充足的创始人可以通过雇用专业人士来帮他解决专业领域的问题，而对于初创企业，这是完全错误的想法，不然就是交学费。所以说创始人优势最重要。

在你的上、中、下游探索，把优势建立起来

李斌刚开始创业的时候，曾问我："我能跟别人说我是当当创始人之一吗？"我说："能。"当当前身——可供书目公司是他创办的，主要做信息采集业务——每个月哪个出版社哪些书已经脱销了，哪些书又重印了，又出哪些新书了等等，把这些信息刻录进光盘里，然后向书店、图书馆售卖这张光盘。那时候他刚毕业两年，年轻气盛，非常有管理能力。二十五年前，我们想获得新闻出版总署的支持做面向图书馆和书店的 B2B 业务太麻烦了。所以一开始公司发展很迟缓。这就是李斌的第一次创业，虽然有资源但是受限于客观现实很难打开销售局面。我们为此还分别去美国和英国参观了当时的可供书目公司，我们发现欧美都是两家公司竞争的业态。所以第一次创业就结束了。这是当当前身，后来李斌就离开了。

李斌的第二次创业是易车网。但是后来又冒出了很多家同类型公司，如汽车之家等。李斌不甘心光投新浪、百度的搜索，想要做自己的网站，可是自己的网站又没流量，于是他承包了新浪、搜狐的汽车频道。就像我们年轻的时候，把《北青报》的汽车版给承

包了，既要产生真正的内容——不是软文，还要有广告，承包别人的媒介。后来，李斌有了新浪汽车频道的独家新闻，有了百度的投资，还收购了几个城市的交通台，他想让大家以后在找车、查车、找 4S 店的时候，都通过易车网，而不是任何其他搜索网站。但这点很难做到，做不到这点就只能成为广告代理，而广告代理公司并不怎么值钱。他那时只有三个大客户，我们挤对他，如果丢一个客户，1/3 销售额就没了。那些严重依赖几个大客户的广告公司，只要客户换一任市场总监或副总，就得赶紧重新构建关系。

做媒体不是李斌的梦想，这满足不了他的野心。挣媒体的钱是有天花板的，那叫目录经济生意，就像贸促会，就挣点展促费。他不甘心，他一定要做交易，不能做信息展示平台。做交易可以诞生世界级企业。阿里巴巴通过淘宝，完成了公司战略的转移。李斌想交易什么？交易汽车。但是，汽车很难在网上销售，网上信息再翔实，也很难帮客户形成购买决策。汽车品牌商跟代理商 4S 店有很强的利益绑定。易车网打不掉 4S 店，于是易车网的第一步交易是给 4S 店转意向单，4S 店给易车网钱。

后来易车网开始转型，做二手车。中国当时好几家二手车网站互相竞争，正好这些老板都是我不同时期认识的朋友。有一次我还攒了一个局，想让他们互相启发启发，但是在那个年代，二手车很难做起来。这是易车网的三次转型，不是竞争问题，就是市场启动问题，虽然易车网仍然是美国上市公司，但显然没有实现李斌的远大抱负。

李斌更大的抱负是什么？智能汽车。李斌抓住这个机会创办蔚来汽车，并且融了资。蔚来汽车的目标是中高端市场，目前也在行业扩张的前列。这次创业实现了他创建商业帝国的愿望，和传统车企一较高下。我认识一些年轻人，开了新能源车后，就无法接受传统汽车了。他们关心的不是省油，而是开车的智能体验。这个赛道也有很多竞争对手，有人在低端，有人在中端，有人在高端，有人想做无人驾驶，目前蔚来汽车的战略重点不在无人驾驶上。几年前，李斌说那是法律和伦理问题，他探索更多的还是智能体验，对此如数家珍。李斌就是这样一步一步在汽车领域上、中、下游反复探索，最后开始造车，并不是因为新能源汽车热就扑进造车领域。

提前布局，才能水到渠成

雷军原来是做杀毒软件的，在杀毒软件领域堪称“中关村一霸”，而周鸿祎当时通过免费手段给杀毒软件行业带来巨大的冲击。在那之后，雷军沉寂了很久，投资诸多与手机软件、硬件相关的项目，认真布局手机市场。他当时想的是干掉山寨机，实现用千元智能手机一统江湖。这一点雷军算是做到了。他是如何做到的？不是因为这个赛道足够大，而是因为他这些年的积累。而且雷军敢于不在手机上赚钱，而是用生态系统赚钱。周鸿祎后来也想做手机。我问：“为什么你们都争这个赛道？”周鸿祎说：“做手机等于掌控了用户的行为，也就是掌握了用户。”我说：“我知道，但是这得每年出货 5000 万台，才能实现你说的情况，你有这么大的融资能力吗？”

我觉得手机每年卖 5000 万台难度很大，结果雷军完全超乎了我的想象，居然在第三年就达到 5000 万台的出货量。

第二节　在相同品类下，以低价取胜

对创业企业而言，有一个通用模型叫低成本战略。别人开花店，你也开花店，打败竞争对手要用低价战略。什么叫低价战略？售价要低，采购成本也要低，只要你做到了，别人的花店就得关门。那么，如何实现售价和成本仅是对手的一半？这就是开花店的人真正需要思考的问题。

把运营成本降到最低

小米早年也是采用低成本战略。小米早期的员工为什么每天都自愿工作十几个小时，因为他们有股份，雷军从手机厂商那里挖来骨干，就是靠股份留人。所以，雷军做到了，运营成本低，采购成本低，售价也低，竞争对手一台手机卖 6500 元，同性能的手机小米就卖 1999 元，这就是低成本战略。

一个企业该有自己的半径

一个企业该有自己的半径，不能无限扩张。有一家企业是做在线销售品牌折扣商品的，定位是低价购买知名品牌的尾货，等于帮助品牌解决了库存积压这个世界难题。但后来这家公司进驻了很多没有知名度的品牌，他们先把价格标得虚高，再打折，而正是这些品牌把这家公司在顾客那里的定位给搞混乱了。后来他们发现这是个问题，也不要这些工厂货了，说这和我们平台的定位不符。

这类产品他们不要，那这类产品的出路在哪里呢，它们一定会有地方成长，于是拼多多起来了。淘宝前总裁孙彤宇看到这里的商机，投资了拼多多。没有品牌的制造业虽然牺牲了品牌，少赚了品牌溢价，但这类产品却在不重视品牌的四五线城市有着广泛的需求。这也是低成本战略。

第三节 小公司为什么一定要聚焦

所谓的聚焦化战略，就是指如果你能聚焦到细分领域前三，你就有价值。

初创企业除了聚焦其实别无他法。早期与我同时创业做电商的企业有三十来家，别人可能拿到了几千万美元的投资，而我手里只有 680 万美元。三年后，大多数人烧完这几千万美元，结束了自己的事业，而我活过来了。2001 年是整个互联网的冬天，电商行业一地鸡毛，而我凭着对自己商业模式的自信，觉得“我快出头了”。为什么别人的几千万美元都烧完了，而我的 680 万美元还没烧完？因为他们太着急了。大家当时都以图书起家，但很多人往往书还没卖好，又打算卖自行车，这背后其实有很多问题，稍不留神就可能一败涂地。

追求性价比，就不要追求品牌溢价

雷军在小米的第一个五年曾感到非常苦恼。因为在企业家聚会的时候，大家曾调侃过："咱们这些人怎么没人用小米手机呀？"小米当时聚焦在追求性价比的消费者身上，而后，小米想攻占高端用户，却没能如愿以偿。想要聚焦高端用户，你就必须用强大的市场投入，重新定义用户对品牌的认知。比如，一个集团内部有男装和女装两个部门，但这两个部门通常是两套不同的管理班子，因为定位不一样。

第四节　差异化才能走得更远

我经常讲，什么是创新？差异化战略就是创新，做不到创新，就不要创业。

你靠低价复制别人的模式，也能走，但是走不远。因为低价选择你的用户，也会因为别人的低价而抛弃你。差异化是什么？是你到上海的酒吧街发现连着走进十个酒吧，每家都不一样。不同的用户定位会选择不同的音乐，做不同的装修，卖不一样的酒，这就是差异化。

一招鲜吃半年

今天找到的差异，虽然在明天就可能被别人模仿，但好歹也能领先半年。有些方便面，定价恨不得比米面还便宜，这就是低价战略导致的。那么方便食品要如何做才能突破价格战？我个人很不喜欢方便食品，觉得这是垃圾食品。但同样是方便食品，自嗨锅的出现却解决了这个问题，四片霉干菜扣肉，加点蔬菜，还有香喷喷的米饭，就能卖上 20 多元。这是差异化战略。

第十三章 融资是个技术活：一分钱难倒英雄汉

融资只是创业过程的催化剂，而不是创业的必要条件。创业者应该控股，自己的蛋自己孵，资金只是用来改善孵化的温度和条件。

第一节　为什么不缺钱也要融资?

融资的最好形式是合伙创业。

当你有了商业计划书，你就要开始思考一个问题，钱从哪儿来?

据我的观察，非高势能创业者的主要融资方式是借款，借亲戚朋友的钱。因为借款金额终归有限，所以只能从事资金压力不大的项目。我早期选择做出版也是因为无论是作者、印厂、纸厂这样的生产方还是渠道，都有很长的账期，所以只要利用好时间差，你甚至可以负债生产。

如果选择不借钱，就只能依靠创业者自己的积蓄。很多年轻人都在琢磨，自己能不能参加真人秀比赛，或者通过熟人介绍获得资金支持，但这其实很难实现。大多数人还是选择合伙创业，找人出钱，找人出力。你如果都不能说服周围的人出钱出力、跟你一起搭伙，那你就很难做成公司。而这时候你又会发现别的问题，你想吸引的人，他不想出钱，想出钱的人，你又不想要。这时候你该怎么办？如何不给自己留下没找对人的后遗症？所以，你作为首要创始人，要具备的第一个本事是，能说服你看中的人跟你一起干。

想扩张，想做大，就要融资。

一个好汉三个帮，合伙人时代，人和钱都来了。人不好找，边干边找可以吗？不行，没找对人，你就不该干。你找的人看不上你？那你就别想吃天鹅肉了。作为首席创始人，你想找能力比你强的，就得用资金，否则你只能找和你差不多的人。为什么我们要融资，因为很多企业很难单纯依靠业务自身的现金流发展。多数企业面临着自身的现金流不够支撑企业扩张的问题。如果你不想做大，你也不用找合伙人，也就不需要融资了。如果你能把企业做成一定规模，做到一个细分市场的前三名，那么你的企业才有价值。

第二节　没有利润的公司也能估值

看投资人找你的目的

有创业者问我，创业公司还没有利润，也能估值吗？答案是能！

过去投资人找创始人，往往分红是二八开。20% 给到那个团队，80% 人家投资人拿走。但如果回报率能超过 20%，也有可能分红三七开；如果能超过 35%，也有可能分红四六开。不同阶段回报率不同，分红情况也不同。

如果公司没有利润，把分红换成了股份，那怎么给公司估值呢？

这时候，我们需要区分，公司融资到底是投资人找你，还是你找投资人。如果是你找投资人，并且他有资源可以帮助公司成长，那他给的估值就低。如果是投资人找你并且他除了投资无法给你带来成交量，那你的估值就高。

身价估值法怎么算？

在商学院教材中，初创企业的估值方法有很多，我总结为五种。

第一种叫身价估值法。

身价，约等于这个人具有的无形资产，但身价并不等于你是不是明星创业者，是否有一定管理经验。看身价我们一般看你过去三年的年平均收入。不管是投资收入、经营企业的收入或者打工收入，这都是你的身价。站在投资人的角度，你过去三年年平均收入 60 万元，你一年的身价是 60 万元。看身价除了看年薪，还可以看身价的增速，假设你过去三年平均年薪 60 万元，三年前你可能年收入才 40 万元，然后变成 60 万元，之后变成 80 万元。按照这个增速，那未来三年呢？因为你要把自己卖给创业公司，要卖三年，未来三年就按这一比例增长，那你的身价就不是 60 万元了。所以这个增速比例很重要。原来你是打工的状态，也就拿出 60% 的精力工作，现在要拿出 100% 的精力甚至 300% 的精力工作，身价就更高了。这，就是身价估值法。

第二种估值方法叫利润估值法。

怎么看利润估值呢？简单来说就是公司估值 = 市盈率 × 最近一年的净利润。市盈率是什么呢？简单来说就是你这个店我花 100 万元买下来，如果我能在 5 年内净利润回本，那市盈率就是 5。但问题是，每年净利润是变化的，所以市盈率这个数值不稳定。如果你的公司刚成立一年，那你只能说，你未来 X 年预计净利润能够回本。

但市盈率这个数值并不是越高越好。我曾和原来软银赛富基金的阎焱聊过："你别老说当年投资盛大，赚了 80 倍、100 倍，你赚那么多，就是创始人吃亏了。"基金的底线是什么？就是投资年回报率。最优秀的基金，比如 IDG、赛富、红杉，平均年回报率是 20%。投了 1000 万元，一年平均赚 200 万元。假设创业公司第一年利润 80 万元，市盈率取市场上同行业公司的平均值，比如说是 5，按 80 万元乘 5 公司估值是 400 万元，投资人投了 100 万元，占了 20% 股份。这利润人家占了 20%，是 16 万元吧。他一年收回 16 万元，回报率是 16%。投资人可能会不干，觉得 16% 低了。所以，他会给你公司估值打七折。为什么打七折？虽然你市盈率是 5，但你那是参考别人的市盈率或者预测的，投资人得保守点，那你的估值就是 5 倍打七折，估值变成 280 万元了。这样利润拿到他手里，依然是 20% 以上的回报率。曾经有资深投资人和我说，他们认为平均看四年，股本金每年 25% 的回报率就是好投资。

第三种估值方法叫销售额估值法。

销售额估值法是估值 = 销售额 × 市销率。销售额估值法其实很不稳定，市销率可能在 0.5 到 10 之间。不过大多数创业者只能谈到 2 倍左右的乘数。销售额估值法其实跟利润估值法很像，两者的本质都是"暂时还没有利润"，通过计算模拟出一个纯利润率，也就是企业在第二年、第三年可能达到的纯利润率。但其实我们很多人不知道的是，这个数值其实并不高。像家乐福这样的大体量零售公司，利润率经常在 1% 到 3% 之间。会员制零售企业的利润率有可能做到 5%，如果是自有品牌，像宜家这种“前店后厂”的企业，能做到 10% 已经很了不起了。品牌商纯利润率，上游做规模不如零售快，但纯利润率是高的，上游品牌商大多是 10% 的纯利润率。现在代工厂的毛利做不到 25%，只能做到 15%。但是它的纯利润率也能有 5%，所以 3% 到 10% 纯利润率基本是销售行业一个规律。只有科技领先并创造垄断的公司，纯利润率能做到 15%。不过大多数人都能接受在前期扩张阶段先亏损。互联网企业基本都是这种模式。所以销售额估值法背后的本质还是利润估值法。但投资人也不是好骗的，他们也会不断追问你，到底哪部分利润是真正值钱的，哪部分利润是不值钱的。

第四种估值法是用户估值法。

用户的价值是不同的，有的用户值 60 元，有的用户值 5000 元。很多靠营销获得用户的企业，可能要花费 5000 元才能得到一个新用户。还有的行业，比如医美行业，可能动不动就送你大额优惠券，但是人家平均每个项目都是 1 万元起步。那么，我们应该如何计算用户到底是值 60 元还是值 5000 元呢？

第一，看这个用户第二年的留存率。有的行业用户忠诚度高，有的行业用户忠诚度就低，这时候我们就可以看到第二年的时候，用户的流失率是 30% 还是 50%。第二，看用户的年贡献。这就是为什么有的企业在财报上反映的都是巨额亏损，销售额也不乐观，但是因为它们的用户逐年激增，所以在投资人眼里这类公司依然很值钱。

第五种估值法叫概念估值法。

在我们创业前期和初期，其实最值钱的就是概念。这时候投资人看的就是你未来三年的财务预测，每季度销售额增长模型，每季度的费用、盈亏、现金流。那么，什么是概念呢？电动汽车、无人驾驶都是概念。为什么新能源汽车企业的股票一直在涨？因为它们靠的就是未来新能源汽车可能取代传统汽车这个概念。创业者如果能赌对风口，他的概念就值钱。

第三节　重要的是节奏

如果企业要发展，就需要融资。有关新科技、新消费、新需求的新兴市场，往往半年融一次资，也就是我们听过的 A 轮融资、B 轮融资。A 轮，也就是第一轮融资，我们要争取到够用一年的资金。以后每年差不多都要这样反复一次。每次融资争取在四个月内完成，只有当资金确认到账，才能说这轮融资完成了。

初创公司该有什么样的融资节奏？我们要知道融资的目的是为

了企业的发展，但是融得过多，还没等公司上市，创始团队的股权就被稀释得所剩无几了，创始人变成给投资人打工了。所以，融资需要讲究节奏。融资应该用什么样的节奏呢？第一，这要看你自己花钱的速度，通常要融未来一年到一年半所需资金。这样你家里有粮，心中不慌。第二看环境。如果这个环境是快速扩张，你的竞争对手逼得你疯狂扩张的时候，那就不是一年或一年半融一次资了，可能每六个月就要融资一次，这样让你又能保证不断地增加估值，又能保证减少稀释。能够让创始团队获得巨大的激励。

先签意向书，再签正式合同

当投资人决定和你合作时，往往会先签意向书，再签正式合同。意向书签好后，投资人就会对你进行尽职调查，这个环节顺利结束后，双方就可以签署正式合同。之后就是等待投资人打款。当年我在创办当当的时候，还没等合同签完，投资人的 680 万美元就到账了。因为投资人担心中间产生变故，所以没等合同签完，他们就迅速给当当打款。

投资之前为什么要先签投资意向书呢？投资意向书或者叫投资合同，是因为投资中会遇到大量的问题和复杂的细节，通常是用两页到三页纸，把最关键的问题先列出来。所以一定先得有个意向书，要不然到合同里因为枝节没讨论定，整个的融资谈判双方都会消耗很大的精力。

把模型跑出来，要高估值

那么，我们如何能融到尽可能多的资金呢？如果在融资前，你可以用六个月的时间做出一个产品，并在一个目标城市对你的产品进行测试，那么你后续的十几个产品就可能获得更高的估值。如果在你跑出这个模型之前，投资人说你的项目只值 500 万元，在你跑这个模型之后，你的项目可能就值 5000 万元了。

为什么跑通了模型可以增加很多估值呢？如果你光拿一个概念去说服投资人，没任何数据支撑，对不起，投资人给你的只能是低估值。当你用六个月时间跑通了模型，你是要烧一部分钱的，最原始的资金是你掏的，或者你找几个朋友融资的，那么跑了模型以后有数据验证，证明这个商业模式能成，那这个时候投资人给你加码，提高估值来给你投资就是水到渠成的事情了。

第四节　普通创业者如何找投资基金？

很多年轻的创业者，都可能遇到融资选择不当这个大坑。

这时候我们要谨记，钱就是钱，千万不能相信投资人给你许下的别的承诺，比如他可以给你提供管理咨询，可以给你提供资源。一个投资人，一年可能要投 200 多个项目，一个月他见 10 个人，一季度都很难再见你一面，又何谈给你提供额外的服务和支持呢？

普通人没有人脉，也没有背景，怎么去找投资基金？我给你出三个实用的招。第一混圈子，参加各种论坛，跟大佬合个影，加个微信，这不就搭上了吗？第二找熟人，如果一个熟人都没有，那你是太普通了啊，你就不该做创业。如果有的话，让熟人给推荐，把你的项目推荐给投资基金。第三，参加创业节目。你能够用七分钟打动投资人吗？能够一页纸写清楚商业模式吗？当然了，创始人如果各方面都没有关系，那就不必在这儿花功夫，你还是用半年时间找到投资吧。如果用 200 万人民币来证明你的商业模式，等你把 200 万人民币干出来了，再给基金投递你的融资计划书，投资基金阅读率就高了，成功率就高了。

警惕战略投资人控制你的战略

有一部分投资人，确实能给你带来资源，他们被称为战略投资人。但是，战略投资人有利有弊，部分战略投资人可能会试图控制你的战略。战略投资人有两种，一种要公司的控制权，一种不要公司的控制权。前者不仅要高额的股份，还会在投资条款中附加好多条件，比如一大堆单方面同意权，即某些事项只有他点头了你才能做。

但这里往往会出现两个问题：第一，他一开始承诺了很多东西，但是真执行的时候你找不到他这个人了。第二，他同时投了你的竞争对手。第二种尤其危险，如果将来你的公司跟这家公司要发生并购，他作为那边的大股东，自然希望你给出较低的估值，这就会造成你的损失，甚至间接把你“投死”。比如，如果一个项目有五位投资人参与，需要所有人都同意这个项目才能启动下一轮融资。如果中间有某位投资人因为参与了这个项目的竞品项目，而只有你这个项目死了他才能获得最大利益，只要他不签字，这个项目就无法得到新一轮融资。那你就自然而然没法生存发展了。近几年，很多愿意“赌赛道”的投资基金公司都会采取对冲方式投资，不只投你，也投你的竞争对手。他们的观念就是这个赛道里的所有公司我都投，总有一家能成功。死的那些公司开拓的市场，就归活着的那家。所以创业者要注意，投资的基本条款就是投资基金公司不能再投同行。创业者应该尽可能避免从这种有对冲倾向的投资人手里拿钱。

投资人各自偏好不同，要注意分辨

每家投资基金都有不同的偏好，每个投资人也有各自不同的偏好。有的基金公司只投公司的早期；有的基金公司只投公司上市的前期；有的基金只投几百万人民币；有的基金公司不考虑低于3000 万人民币的项目，所以找对基金很重要。不同的基金公司还有自己的领域偏好，有的基金只投先进制造业，有的基金只投文化领域，大家基本都不会跨越自己的领域。

怎么分辨不同投资基金的偏好呢？一个是看公开资料，他们都有自己的主张；第二是看他们以往投过的项目，通过做这些功课，你就知道一个投资基金的具体偏好了。

最靠谱的方法：找熟人推荐，接受熟人的投资

经常有创业者让我推荐基金公司。对于这个我很慎重，很多人可能没有意识到，推荐约等于背书。当你的公司规模较小的时候，你可能根本见不到基金公司的合伙人。怎样才能接触这些基金公司就是一个很大的问题。这时候，如果这家公司的投资代表有机会能看到你的 PPT，并给你回复，你就有较大的成功概率。

其实大多数早期创业者并不需要很多钱，所以不是非要找规模大的基金公司。国内的投资基金公司主要集中在北上广。他们也有自己的苦恼，就是找不到可投的项目，好项目面临被人抢。如果你在项目早期阶段能找到熟人或者通过熟人找到一个有一定资金的人，而他正好打算弄个投资部或者投个小项目，那这最好不过了。

找同行业的前辈也是一个成功率较高的好选择，他既不以投资为主业，也不要求你今后必须把这个公司卖给他。所以早期能做成基本靠“熟人主义”，没有熟人你是做不出来的。最近这几年有很多创业大赛和高峰论坛，也是一个获得融资的好机会。怎么用 45 秒甚至更短的时间让投资者想要进一步了解你的想法，也是创业者需要思考的课题。

把握时机找融资顾问

如果你不能找熟人融资，最好的方法是找融资顾问。

我曾经收到过很多人的 PPT，不管他是不是有过成功经验，我对他的反馈都是：“你到基金那儿肯定会被毙掉。因为你的表达方式不对，抓不准投资人的痛点，只是自己在某个领域里‘自嗨’。”这时候你应该怎么办，答案是去找融资顾问。融资顾问的作用是帮创业者找专业的投行，把你的项目中可能会引起基金兴趣的部分拎出来，然后教你怎么去展示。融资顾问不仅能辅导创业者融资，还能帮创业者联系审计机构、联系律师，可以说是充当了一个中介的角色。但是找中介就会有找中介的麻烦，中介挣的是成功费，成功费就是两头撮合，所以有时候他们可能并不会站在创业者的角度考虑问题。别说初级创业者了，大佬融资也不轻松，因为他不确认融资顾问是否真的站在他的立场上。

第五节　记住，把投票权拿在手里

关于融资，我有几个忠告。

第一，警惕投赛道的对冲基金。因为对冲基金有权知道你的一切，包括每月的报表，不光是财务报表，还会要求你写业务报告。别忘了他也投你的竞争对手了，他知道的信息你的竞争对手也可能会知道。所以，创业者要学会对投资人提要求，不能投跟你有竞争的同行业的公司。

第二，警惕战略投资变成战略控制。

第三，创业公司一定要创始人说了算。创始人一定要把投票权拿到手。随着融资一轮一轮地进行，你的股权会被稀释。当你的股权稀释到 34% 的时候，你就要说服一个占 17% 股权的股东，让他把经营决策的投票权给你。好的投资人是愿意这样操作的，因为他不想参与到经营里去，希望创始人说了算，否则就有可能降低整体的效率。

第四，不要轻易对赌。对赌时你需要给投资人一张报表，包含销售额、利润、用户数等，如果公司暂时还没有利润，你提出保证未来三年有 100 万元利润，要求 1000 万元估值。投资人同意了，但要求你把第三年 100 万元利润写进合同，如果第三年你只做到 80 万元利润，就给你 800 万元估值，这叫对赌协议。如果创业者没有做到并不是说让创业者还钱，而是投资人股份占比变高了，也就是说，公司就从原来的 1000 万元估值变成了 800 万元估值，而投资人投的钱不变，那投资人的股份自然就变多了。

业绩对赌协议，创业者轻易不要做，否则就会承担巨大的损失。当年，周鸿祎的 3721 被雅虎收购，但收购款没有一次性全给 3721 的股东。雅虎让他签了业绩对赌协议，如果到约定时间没有达成协议里的利润，雅虎则不支付剩余的收购款。在第三年的时候，业绩确实没能达到协议要求，周鸿祎损失了很多财富。

对赌的过程中，可能会面临这样的问题。签协议的时候约定是做到利润 100 万元，但可能做到 80 万元利润更有利于公司的长足发展。甚至有的时候，市场形势发生转变，为了抢占市场份额，有时候你甚至需要先赔 80 万元。同时，如果你的竞争对手知道你的对赌目标，他甚至可以趁机打你的软肋，这样会把你置于更大的风险之中。

第五，明股实债，坚决不做。为什么创始人和投资人经常会撕破脸？如果在融资的时候，你的投资人和你约定，赚了钱大家分红，但如果没赚钱，你得保证四年内偿还投资者本金（有的投资人不仅要求你偿还本金，还要求你兑付利息）。这就是“明股实债”，也叫夹层融资。我坚决反对这种融资，这样还不如直接借钱。夹层融资明显是个隐患。

第六，融资最大的隐患——创始人承担无限责任。

无限责任有两种。

第一种是如果公司破产了，创始人要用自己的资产弥补股东和投资人的损失。如果你接受了这个条件，那你就不能怪投资人追着你还债了。这种情况很危险，甚至于原本的经济问题也可能变成刑事问题。年轻的创业者千万不要为了高估值同意这项条款。

第二种是投资人给创业者一笔钱，相当于是投资这位创业者本人而非创业者这次创办的企业。如果创业者这次创业失败了，这份对应股权可以直接平移到这位创业者的第二次创业当中。

有这样一个例子。陈欧早年从新加坡学成归来，创办了一家游戏软件公司，徐小平参与了这个项目，占有了部分股份，但是那次创业失败了。后来陈欧二次创业做电商，把徐小平在上个项目中的股份平移到了聚美优品。徐小平就是凭借这个实现了巨大的投资回报。我曾遇到这样一个创业者，他作为一家公司的法人曾接受过一笔投资，他的项目失败后，他想把那笔投资的股权份额转移到新的公司。我明确否定了他这个想法："你今后的团队不会答应，你自己也会不平衡。"所以，创业者要警惕无限责任和无限责任平移。我经常跟一些年轻的创业者说："没必要因为拿了我的钱就对我点头哈腰，只要你没洗钱，没挣黑钱，没拿回扣，你努力了，但失败了，咱们就一别两宽。你不用对我歉疚。我赔了钱，你赔了青春。"

第七，没有落袋为安，一分钱难倒英雄汉。创业者在投资人的钱到账之前，一定要谨慎乐观，就算签了合同也不能掉以轻心。因为合同总有一个条款声明可以随时终止汇款到你的公司账户。有的基金公司，为了抢项目，可能还没和合伙人确认和你合作，就敢跟你签合同。过两个月你催他，结果对方表态暂时不合作了，或者重新压你的价，白白耽误你的时间。

后　记

拥抱兴趣电商

离开当当后，我有了这样的考虑，在下次启航的时候要有两个不能放手：首先，图书不能放，还得做好；其次，百货赛道不能放。所以我就有了两条线，一条是早晚读书，一条是直播带货。

从不认可到亲自下场

从 2020 年 10 月到 2021 年的 3 月，一直有直播公司劝我做直播带货，当时我还不认可直播带货这条赛道，那时候我认为直播带货有个硬伤，得消耗主播的时间，存在天花板。没想到罗永浩走出来了。

2021 年 4 月，抖音日活近 8 亿人次，我开始意识到这个赛道的优势，开始下场。当时我想，如果现在的创业者还不会玩抖音，那就趁早放弃创业。当时，我分析了抖音里边的三个赛道：一是知识付费；二是拍视频接广告；三是直播带货。当时，早晚读书在学浪 App 也上架了课程，也有不错的效果，但是始终收益有限。而拍视频接广告的模式，每条短视频连续做到 2000 万播放量，才有广告变现价值，这个领域有一批人这么做，但是并不适合我。最后是直播带货，我在当当做百货时对各个品类都有知识积累，所以能迅速搭建团队做直播。过去的经历让我在直播实操细节上也有很强的优势，比如，如何选品、从什么品入手、选什么品入手等。选货方面我有天然优势。

直播带货是靠人设的信任传递

这次创业，和我以前的创业项目相比，感受确实不太一样。当时我和凡客的陈年搭档卖男装，第三场销售额达 120 多万元，他都吓了一跳。过去大家只知道凡客，不知道陈年，当年买过凡客的学生，现在都 30 多岁了。这勾起了他们很多回忆：这就是陈年呀。

我的第一个感受就是，企业家人设能给消费者带来格外的信任感。想做好直播带货，需要主播对负面评论有一定的包容度，陈年第一次直播，看到直播间的一些负面评论紧张坏了，第二次还是很紧张，第三次他说挺累的。有一次我们直播的时候，有用户说："凡客还活着吗？"这对陈年是种刺激。当然我比较乐观。很多人有偶像包袱，一旦背上了就卸不下来了。

还有一批人习惯在幕后运营，不愿意到台前来。这就对他们做直播造成了障碍。

那么是不是像我这样性格的人才适合直播带货呢？我不这么认为，陈年性格内敛说话也慢，也不太会跟粉丝调侃，但是有好东西的时候大家照样会下单。他在和不在直播间销售额能差 3 倍之多。所以你看，不管什么类型的人，总有喜欢他的受众，我们要做的只是把彼此连接起来。

真正厉害的人，换个赛道还能继续厉害

某些自媒体说我做直播带货是今不如昔。确实原来我管着几千人，前呼后拥，现在阵地没了、舞台没了。但是有什么就接受什么呗，每个人都不会一直活在高光时刻。这时候有人选择躺平，有人一蹶不振，但我就想接着创业。2021 年我在淘宝第一次直播时，销售额才 12 万元，很多媒体抓住了这个点，把我狠狠挤对一番。3 月开了一场图书直播，那场直播的销售额达到 52 万元。人生本来就是起起落落，不可能总让你站在舞台中央，要学会接受当下的自己。一个厉害的人，换个赛道还能继续厉害，而我正奔着这个目标努力。现在我一场直播的销售额能顶得上当当原来一个月的。对于那些过了 40 岁又重新站起来的人，对那些过了 50 岁隔三岔五就喝一顿的人来说，想必我的努力打拼也能对他们有所触动。

发挥招商谈判选品上的优势

很多人问我为什么起步就选择竞争激烈的酒水类目。其实，我有以下几点考量：

第一，选择有门槛的赛道。选择创业方向，最好要找到绝对蓝海。但同时，我觉得这个赛道也得有进入门槛，比如酒水这个赛道对供应链要求比较高，这样才能发挥我谈判、选品的优势。

第二，可获利性。有的品类是低利润率的，有的是高利润率的，所以选择非常重要。你选择的品类盈亏临界点在哪里？销售规模能到多少？是靠降低成本、提高售价盈利还是靠收会员费来盈利？这是不同商业模式需要回答的问题，而选择什么商业模式的智慧也就在于此。

第三，分析粉丝画像。在我的上一次创业中，我的粉丝普遍为男性，占总粉丝数的 85% 以上，这当中又有 50% 以上的粉丝在 35~40 岁这个年龄段。也就是说，我吸引的人群主要是男性中产和白领。对这些人而言，酒水需求显然更大，而白酒在国内显然比红酒赛道更大。所以我的目标就是把真正性价比高的优质白酒产品和品牌帮粉丝挖掘出来，再运用我的谈判选品优势，实现和粉丝共赢。

粉丝量和带货能力不能画等号

其实，主播的带货能力跟他的粉丝数并不成正比，有的人粉丝数并不是很多，但他带货能力很强；有的人粉丝数可能几百万，但粉丝并不会为他买单。1000 万粉丝的“大咖”反而带货失败的案例比比皆是，一通操作后反而实现不了多少交易额。

如何在细分领域做到最好，打造一个合适的人设就是关键。有的主播只有 10 万粉丝，直播时在线人数也仅有 300 人，卖 199~399 元的饰品，一个月也能做到 1200~1400 万元的销售额。为了达到销售目标，她把这个领域研究透了，把自己打造成这方面有影响力的 IP，然后给大家推荐这个领域的好产品。

能否卖货其实和你的粉丝数量并没有太大的关系。抖音会根据进来的人的停留时长、人均 GMV（商品交易总额），决定是否给你推流。所以，只要你能实现成交，你就能获得流量。

盯盘，及时复盘

不挣快钱，要做就做长远的事

我们团队有 10 个运营、10 个招商，还有 3 个短视频制作人员。未来我们想孵化几个新号都需要人。

茶叶是农副产品里招商、采购、供应都比较复杂的品类。从口粮茶到中高端茶，有数不清的门道。每个行业都在挤压中间环节，我们就减少中间环节。茶叶从省经销商到顾客手里，得经手多少个中间商，800 元的茶可不就变成 1000 元了嘛。同品质的茶叶别人一斤卖 1300 元、1800 元，我能做到一斤卖 600 元。

站在用户的角度考虑，满足不同人的需求

我的策略一直是，要用不同价格的产品满足不同用户的需求。哪些是口粮酒，哪些是中端酒，既要照顾到不同的用户的选择，也要想办法组合产品提高销售额、提高利润。

内容为王

我始终没有放弃图书，现在我依然在布局图书。在 2022 年 4 月 23 日，我们做了一场图书专场直播，但是销售额连 30 万元都不到。像图书这样的品类毛利率很低，很难养活一个团队，像这类的品类，比较适合个人试水。

相比于直播卖书，短视频卖书效果要好一些，一条视频少则 2000 本，多则 7000 本，视频一发，后续一直能产生销量。俞敏洪告诉我他曾用短视频带过《底层逻辑》，两条视频就卖了 8 万本。所以，只要短视频内容好，效果一定不错。这就是图书，价格低、毛利低，但是遇到好的内容能一直卖。

生命不息，折腾不止

往事浓淡，色如清，已轻。
经年悲喜，净如镜，已静。
少年心，鬓如霜，还能创辉煌？

未来属于更有深度的专业人士

直播需要坚持，带货需要扩充品类，直播带货需要能撑起场面的主播，需要在短视频内容上下功夫。比如酒水这个门类，我觉得现在肯定还有一批对酒的知识、对用户的感受、对供应链有深度研究的人还没有下场。现在依然有很多不专业的人在钻算法的空子，但是未来肯定是那些专业人士的，他们拥有更多的机会。

我在海口白酒高峰论坛上分享过我对抖音的一些思考和困惑。

第一是抖音虽然在大力支持电商，但如果有一天抖音变成纯电商，它在销售方面的优势和红利会急剧下降。

第二是目前主播带货模式，对主播消耗严重，在没有主播的情况下很容易出现销售天花板。

第三是目前直播带货的模式，内耗太严重，这个逻辑其实不利于长期发展。未来可能会出现虚拟主播，也许我的形象也会被虚拟化，这些都未尝不是一种探索。

附录 1

李国庆创业问答

一、关于创业准备

1. 缺少经验的人应该如何创业?

没创业经验太正常了。创业经验是只有连续创业者才有的东西，但这样的人太少了。没创业经验怎么办?那就去找搭档，找合伙人，找创业经验丰富的人。现在讲究资源整合，只要不是单打独斗，没经验就不是问题。

2. 创业必须到北上广吗?

如果你想打造一个独角兽，必须来北上广，这里有资金、用户和全国的示范效应。可是，如果你就想做一个养家糊口或者中等规模的创业项目，不必来北上广，到处是机会。

3. 小镇青年怎么创业?

一定要明确小镇年轻人也可以有职业规划，你一手托两头，一头是农村，农村里有很多的农副产品，怎么卖到城里去?你离他们最近，同时你也可以去服务城市，城市消费升级了但是缺少对应服务岗位的人才，如护工、技术工人等，选一个好的技校、职高，学出本事来，你就可以在大城市安身立命，比当个白领挣得还多。

4. 学历对创业有帮助吗？

名牌大学，一半的价值是知识，一半的价值是人脉。我在北大的成长经历使我在毕业后参与创业或者主导创业的时候，有很多北大校友愿意帮助我。这就是社会的入场券。

5. 想创业应该读什么书？

我当年创业的时候既没钱搞培训，也请不起麦肯锡给我们做咨询，就是靠读书。我有两本书可以说是百读不厌，每次读都有新的收获。第一本是管理学大师迈克尔·波特的《竞争战略》，从创办当当到现在创办早晚读书，我每年都要组织员工读这本书。第二本是科特勒的《营销管理》，能帮你更好地了解销售和趋势。另外，今年我读到了一本新书，是曾仕强的《中国管理哲学》，这本书对我们本土企业家来说是非常不错的。

二、关于创业方向

1. 跨境电商未来还有机会吗？

出口大增，进口的机会就会少，如果你有境外渠道，不妨试试出口。

2. 农副产品怎么干掉中间商?

干掉中间商，利用互联网思维获得消费者，这都是互联网玩了二十年的模式。我们可以逆向思维一下，别谈地里产什么卖什么，你可以问问用户，他们想要什么，你就种什么，以销定产。

3. 农副产品电商怎么做?

干掉中间商，到哪儿去找用户？互联网上才有这个机会。没互联网的时候 1 个人传 5 个人，一有互联网，一发朋友圈再被转发，1 个人能传播到 200 个人。过去没条件，物流不行，现在全国的快递公司足以支撑，性价比也不错，完全可以去掉中间商。谁家都有点儿城里亲戚，大家把信息共享一下，地里那点农产品还不轻松全包了?

4. 家里有山怎么致富?

绿水青山就是金山银山。留住了绿水青山，就留住了致富机会。你可以搞乡村旅游，也可以搞土特产，通过网络直播带货。

5. 每年有 50 万元资金，适合干点什么?

未来十年咱们就干点养老产业或农村电商。

6. 农村电商有什么绝招?

我们可以试试组团消费合作社，让城里人认种认养，在有产品之前就把钱收进来。比如，8个城里人组团买一头猪，这猪放咱们这里养着，肥了瘦了都是他们的，到时候分8份。

咱们这么做，赚的就是服务费，反而避免了很多风险，因为他们买的不仅是商品，还有参与感。

7. 俺们这里只有土地，怎么致富？

这是个商业模式话题，有土地就能长东西，消费升级，可以搞有机农业，在地里装个摄像头，让你的用户能直接看到你的产品是真有机农产品。

13. 开书店怎么盈利？

问对人了。二十年的资深老炮告诉你，书店就是不盈利。

14. 全职太太，能做点啥？

如果这个全职太太专注带孩子，并拍成短视频，就能在母婴赛道进行短视频带货。

15. 老龄化有哪些机会？

传统标准里65岁以上的人口占到总人口10%就是老龄化社会。现代人平均寿命长，60岁还能有40岁的状态。何况现在的老人很多有经济条件，房子也有，衣食无忧，也是互联网一族，服务他们商机也就在于此。

三、关于创业融资

1. 第一桶金从哪儿来？

我第一桶金来自图书出版业，1992 年我下海卖书，每年能有几百万元利润。1999 年互联网来了，我发现网上卖书存在巨大商机，于是我得到了我的第二桶金，也就是“当当”。

2. 上市的目的是什么？

第一，卖股份套现改善生活。第二，上市是公司要壮大发展的实际需求。第三，退休，把公司交给别人。第四，吞并其他企业。这四条不是我说的，是我的一位朋友在 1995 年纽约一个餐馆里告诉我的，我把这几句话记在小本子上，时不时查看。

3. 注册资金是不是越多越好？

今后你的公司欠债了，如果你公司的注册资金是 1000 万元，欠别人 1500 万元，你必须赔对方 1000 万元。如果你的注册资金是 100 万元，那么你的最大风险就是 100 万元，这就叫有限责任公司。所以注册资金并不是越多越好。

4. 注册资金多少合适？

你未来一年半需要的资金总量，就是你的最佳注册资金数额。所以一年半也是探索一个企业是成功还是失败的关键节点。

5. 公司是潜力股，怎么获得资金？

如果真是潜力股，把财务报表给我。商业模式里面专门讲到有雄心的企业家一定要和有雄心的金融家相结合，才能让企业变成独角兽，前提你是只潜力股。吸收重要的战略投资人，企业才能上台阶。

四、关于创业管理

1. 合伙创业遇到分歧听谁的？

我给你讲一句话，一定要集体讨论决策，谁比较厉害谁就一票顶三票。但是必须有一个人行使一票否决权，否则就别创业了。

2. 创业公司怎么招聘人才？

找合伙人，钱也来了，人也来了。

3. 团队成员没有责任感怎么办？

如果你没本事让他们有责任心的话，这个团队就该解散了。

4. 如何提升团队凝聚力？

提高凝聚力，容易打造家文化，但需要注意的是，凝聚力并不等于战斗力，有凝聚力并不一定有战斗力。

附录 2

与俞敏洪对话

俞敏洪：大家可能都知道李国庆，是当当网的创始人，也是个读书人，这辈子也一直和书打交道，在北大没有毕业的时候他就开始做书，后来做当当网也跟他在北大做书的创业项目有关，现在他又做了“早晚读书”。

很多人都觉得李国庆是一个有个性的人，但剥开李国庆所有“不靠谱”的外衣——摔杯子、跟老婆打架、公开吵架等等，他实际上到底是一个什么样的人？我个人觉得他算是一个性情中人，没有坏心，脑子有时候“缺根弦”，很特立独行，行动和行为都比较随性潇洒、自由，我蛮欣赏他性格优秀的一面，自愧不如。他性格中有时候也会暴露一些弱点，摔杯子也是率性的表现。

01 一直特立独行，一直《一无所有》

俞敏洪：国庆好，你在北大读书的时候就开始卖书了，到现在30 多年了，还没有卖够呀？

李国庆：我看了俞老师的《我的成长观》，里面有 30 多处提到读书，我才知道你在大学一年就要读 100 本书，现在读得更多了。

俞敏洪：前两天崔健做了一场线上演唱会，崔健对我们来说记忆深刻。当初崔健在北大的第一场演唱会上唱了《一无所有》，而后一炮而红，这场演唱会背后的主导者是你吧？

李国庆：当时是 1987 年，我们发起了北大首届文化艺术节，还得拉赞助，我们拉了 15000 元，很不容易，结果过了 12 年，我创办当当的时候，当时赞助演唱会的企业家的女儿归国来给我当秘书，变成了当当创始人之一。

俞敏洪：那时候是一笔巨款呀，相当于现在的 150 万元。

李国庆：当时让崔健来演出比较困难，我们学生会的文化部找到我问，北大能不能请崔健来搞演唱会？我觉得我们是校内，我能做主，在北大办不办我说了算。当时我们请了北京市副市长来支持我们，给我们当顾问，就请了崔健来搞演唱会。

那时卖门票还赚了钱，我不赚钱，学生会不赚钱，主办方赚钱。我找门路从全国总工会租了一套质量特别好的音响，花了 800 元钱，崔健他们来了以后就先看了音响。晚上我请他们吃包子，他就说，国庆他们找的这个音响在北京也是数一数二的，哥儿几个今天晚上演出一定要卖命啊！结果那天晚上一炮走红。

俞敏洪：那时候崔健确实一无所有，一个唱摇滚的小年轻，名声还不大，你在北大举办他的演唱会，加上北大学生的狂热和激动，让他一炮而红了。

李国庆：但我挨批评了，校领导批评我，说你们是天之骄子，怎么会是一无所有的心态呢？我说我们就是一无所有。

俞敏洪：我看这首歌把你的命都给定了，你现在好像还是一无所有。

李国庆：对对对，你在崩溃的边缘，我在崩溃的核心。

俞敏洪：你刚才说崔健是在北大演出，所以你说了算。你当时也不是校领导，我觉得这话特别符合你的个性。你好像一直都比较独立自主，有一种“我说了算”的精神，既不畏人言，也不畏社会反响，完全按照自己的个性甚至是冲动在做事情。

李国庆：不是乱冲动，我有策略。崔健唱的歌词，我从头到尾看了一遍，我觉得没毛病。而且我也和校领导打了预防针，他说不合适，我说您就装不知道，我也绝不说您知道，出了事能帮我扛就扛，不能扛您就批评我。我还是做了很多前期工作的，要不然真给我开除了怎么办？开除了倒好，我也办英语培训去。

俞敏洪：英语培训你就算了，你的英语比我还是差远了。

李国庆：我数学比你强多了。

俞敏洪：对，你是学社会学的，数学底子好一点。你这种特立独行的个性，是在小时候养成的，还是到了北大养成的？跟家庭背景有关吗？

李国庆：我小时候很乖，都是别人家的孩子，门门功课优秀。初三的时候遇到我一个同学的爸爸，他的逆向思维启发了我，但当时也还好。到了高中也不敢叛逆，都在专注于学习成绩，从入学时 45 个人里的倒数第 5 名，学到了高考时班上第 3 名。那时候我们学校闭着眼睛都能有 50 个上北大、50 个上清华，全年级五个班，250 人，我就给自己定了一个目标，每学期排名提高 5 个名次，到最后高考，我是我们那年北大社会学系高考分数第一名。后来到了北大，可能我青春期来得比较晚，个性突然就爆发了。

俞敏洪：所以你的青春期叛逆是到了北大以后才开始的吗?

李国庆：是的，之前都是老老实实做“别人家的孩子”。

俞敏洪：是什么触发了你在北大特立独行、主动参加学生活动、组织活动的兴趣?

李国庆：像我们平民百姓家的孩子，上了北大，人生就到了巅峰，所以我不怕失去任何东西。初三的时候，我读了《约翰·克利斯朵夫》，高中又读了一遍，上了北大又读第三遍，结果这书直接让我摇滚到今天，到现在，我又“一无所有”了。

02 找寻人生追求的核心点

李国庆：和敏洪大哥聊天勾起了我的心路历程。我这个人真有毛病，在一个领域一定要追求成功，就像约翰·克利斯朵夫，还有诺贝尔文学奖获得者罗曼·罗兰。我还非得取得成功，然后又抛弃这个领域，换个赛道再爬到顶层，接着又要批判……按理说我就是既得利益者，但我还总批判资本家的无序扩张。

俞敏洪：我觉得你一生追求的核心点就不是财富。

李国庆：对，当当网上市前三天，我开了微博，那时候你已经如日中天了。当时我心想，我这种意识那么强、道德底线那么高的人，还能取得世俗意义上的商业成功，已经非常满足了。结果我发的第一条微博底下就有人骂我，至今还在，说这傻子是谁啊?那时候大家都不知道当当，也不知道李国庆，把我给骂一顿，我还自我感觉良好。

你在几年前，还没出现这次危机的时候，说过一段话，你说你对做生意、把企业再进一步做大没兴趣，你下一步的兴趣不是赚钱。

俞敏洪：对，我十几年前就说过这样的话，不过我还是澄清一下，一个人想把生意做大，想赚更多钱，没有任何错。但如果一个人钻到了钱眼中，只是想赚钱、赚钱、赚钱，赚了钱之后都不知道想干什么，以至于为了赚钱而消耗生命、时间、精力，到最后依然一无所获，精神上没得到满足，心灵上也没得到充实，在回顾自己一生的时候，发现自己除了钱什么都没有，我坚决不想成为这样的人。

当然我们最好又有钱，又知道能用钱为社会做什么，而且自己还能获得心灵的满足，回头看时也能获得成就感和幸福感，这才是一个人应该追求的比较高的境界。我个人感觉，人生可以有很多种道路，有些人可能拥有很多钱，但没有心灵的充实，这就有点可惜。有些人虽然没有很多钱，但能达到心灵和精神上的充实，非常喜欢自己做的事，回顾起来的时候能有成就感和幸福感，这是最好的状态。

对你来说，你现在就算什么都不做，也能有比较优裕的生活，你为什么还要出来做读书 App，还要直播卖书呢？我觉得实际上你是在追求一种心灵上的充实和成功，同时也要再次向大家证明，一个 50 多岁的人也可以再次创业，这样的创业精神、突破能力，跟年龄没有关系。刚才你夸自己底线很高，这个先不评价，但我觉得你内心的确在追求某种超越金钱的东西，你为了当当的股份“打架”也很厉害，但我觉得你“打架”本身并不是为了钱，是为了自己的尊严或者是面子。

李国庆：是为了钱。我早就想捐款 10 亿元做公益，我这么有公益心的人，又这么高调，也得到了这么多人无私的厚爱。我羡慕死你了，你早就开始做公益了，我就想拿出 10 个亿捐款。

俞敏洪：你这话有点虚伪，当当网 2010 年上市，上市以后你就是有钱人了，那时候就可以开始做公益了，为什么要等到现在捐 10 亿？

李国庆：我在当当省吃俭用，从创办当当一直到现在，我的工资 20 年没涨过，这点钱就够给人结婚随个份子了，哪有钱做公益啊？有一天我跟我老婆说，我们挣钱是为了什么？你总得给我点财务支配权。我还得跟你和儿子商量，才能干点公益的事儿。后来公司上市以后，一年有 500 万元可以让我做公益，但 500 万哪够啊？再后来经济又不景气，当当股价跌了，变成了 200 万元，200 万能做什么事啊？

俞敏洪：不过我挺希望你做读书会，能够像当当那样再次取得成功，能在事业上向世人证明一下，一个 50 多岁的人从头创业依然能成功，褚时健早就证明过这点，创业成功跟年龄没关系。但更重要的是，我真心希望你能实现你的理想，当你有了钱，我真想看看你会怎么花，来证明我对你的判断是对还是错。

李国庆：我打那个官司的初衷是我需要钱来实现我的公益理想。我上个月和周全吃饭还在聊，十年前他说过一句话，一个人换个赛道还能取得成功，是真牛，我就给自己定下了这个目标。

刚才说有时候做公益不需要钱。的确，如果我一无所有，你让我去扫地做公益，我都去，但我想做的公益比你们想的大多了，所以我需要 10 个亿。

俞敏洪：你现在卖书、介绍书这件事，本身就是一种公益。公益有两个概念，一个是你做生意，生意本身可能就是一种公益，公益和商业并不矛盾，比如你做的这个事情，能够对社会的进步、对别人的知识结构发展带来好处，它就是公益，能促进社会的贸易、商业的发展和流通也是公益。

当然我知道，你说的公益更多是指有钱之后去支持农村中小学，像比尔 · 盖茨、巴菲特那样做公益，这是另一个维度的公益，这个我现在每年也在做，有钱就多做点，没钱就少做点，也不要给自己多大负担。这种公益本身就具备了更重要的意义，因为你是抱着真诚的心在帮助别人，想要推动他人的进步，让他们享受到你的公益所带来的发展和好处。

03　做社会的贡献者，而非攫取者

俞敏洪：我在北大自卑了整整三年，那时候我周围都是特别能干的人，比如王强、徐小平，还有写诗的西川，他真名叫刘军，还有不太熟悉的海子等等。我是农村来的，也没读过几本书，一直到大三以后，我觉得我读的书也够了，和同学差不多了，英语水平也上来了，年龄也变大了，才有了一点自信。

我在大三的时候也和你一样组织过活动，我当时包下了每周五晚上的北大学三还是学五食堂用来办舞会，我去请乐队、卖票，办了半年左右。大四的时候，我又做了大学生诗刊，只出了三期就因为没钱停刊了。同样是进入大学，你进了北大就开始自信，开始突破，开始参加活动，最后做得风生水起，而我经过三年自卑的煎熬，后来才慢慢获得自信。

现在的大学生和我们当时不一样，他们有两种状态，一种是进了大学以后没自信，还有一种是由于现在大学生自娱自乐的方式比较多，比如打游戏、看手机、刷抖音，他就干脆懒得和同学打交道。面对当今大学生这两种现状，你有什么建议?

李国庆：我的建议可能有点不合实际，因为我没在农村生活过，我是整天趾高气扬抬着头，中学一直在名校，后来进了北大。我觉得最重要的是人生目标，我要当社会的贡献者，而不是攫取者。这个目标可以不那么有名，可能在世俗意义上不那么成功，但我就是要当贡献者，而不是躺平者。我是奋斗派，不管是对社会还是对家庭。

此外，我也有迷茫的时候，那怎么办?我这人务实，争取每天有点滴进步。于是我就到北大图书馆，每个学期读一个阅览室，我还跑到朱光潜家找他给我推荐书单，找心理学教授给我推荐心理学书，我每天读书、做卡片，每天进步一点点，有时候这其实是在麻痹自己，在某种意义上缺乏大格局，但最后的结果总不会辜负自己每天的努力。

俞敏洪：大学四年，北大对你影响最大的事情是什么?

李国庆：到了北大以后，我真觉得自己是天之骄子，这里有这么多高人、同学，我觉得我们可以一起改变社会，我把大学当作改变社会的试验田，社会流行的风潮都先在北大试验一遍。参加重大讨论，什么都关心，所以我当时在北大变得很张扬。

如果要说事件，确实有一件事对我影响很大。大一入学的时候，赶上海淀区选举人大代表，当时有很多大三、大四一心从政的人竞选，但我最后成了候选人，为什么？我那时候陪我姐姐和她两岁的孩子到儿童医院看病，我救助了一个 8 岁的农村孩子，他得了结核性脑炎、结核性胸膜炎、结核性肺炎，没钱治，医院倒也在给他打针输液，但他妈妈说孩子爸爸已经回村里筹钱去了，就是缺 500 元押金。我心里特别难受，第二天早上我跟我妈妈说，能不能借给人家 500 元，当时一个月工资才 30 多，所以 500 元是很大的事，但是我妈同意了，我第二天中午就把 500 元钱带过去给那个妈妈，说好两周还。刚好我那时候参加中央机关一个活动，到农村考察去了，结果我两周都没回来，又过了十几天才回来。但没想到人家真心想还这钱，他们回村里筹到了 500 元，但找不到我，就找了《北京日报》的记者，记者就告诉护士长，我一出现就得把我留住，他好采访我，我就这样出了一次名。当时北大的学生里，农村学生占了 30% 左右，结果这些同学虽然不认识我，但看了《北京日报》的报道就很喜欢我，所以大一我就被选举成了海淀区人大代表候选人，这件事情对我影响很大。

俞敏洪：你比我醒悟早太多了，我到今天都没成为什么候选人。你那么努力在北大参加各种活动，组织崔健演唱会，是你原本的规划吗？耽误你在北大的学习吗？

李国庆：好问题。大学生规划，我一说这就犯狂，遭大家讨厌。

我有日记为证，我大一一入学就先参加了学代会外联部，那个部长很欣赏我，马上想提我为副部长，学生会主席说哪有大一的人当副部长？干了一个月，没提我当副部长，我就走了。我就在五四操场跟我高中同学说，我再也不参加学生活动了，浪费时间，我大一、大二就拼命读书，大三再开始参加学生活动，也能一下当上副主席。所以大一、大二我没有参加活动，都在使劲读书，到了大三参加学生会，赶上了学代会选举，我就成了学生会主席、学代会会长。

俞敏洪：我倒想问问你，你那么积极参加学校活动，是不是目的不纯，是不是为了找女朋友？

李国庆：我大学没谈恋爱，我们那时候有个大学生守则，不让谈恋爱，我嫌麻烦，就没谈恋爱，我就滑冰的时候拉过一次女孩的手。

俞敏洪：我比你早三年进北大，我们都允许谈恋爱，北大什么时候出过不允许谈恋爱的规则啊？

李国庆：大学生守则，我大一的时候出台的，不许谈恋爱。

俞敏洪：大学生守则不许谈恋爱，你就执行了？我估计就是女生没看上你，觉得你当时比较浮躁。

李国庆：你真说错了，暗恋我的很多，尤其是你们英语系的女生，都在日记里写我、暗恋我。

俞敏洪：至少我在北大的时候，我们外语系好像没几个女生提起你。

李国庆：谬也，她们认为我太趾高气扬，盛气凌人。

俞敏洪：你在北大一、二年级的时候开始读书，每年读 100 本以上，你读书的爱好是从小学、初中、高中就开始的？还是进了北大才开始的？

李国庆：我们家我比较特立独行，我从小就爱读书。我哥哥比我大一岁半，他喜欢鸟，养鸽子，我有时候跟他去天坛公园，我就坐在树下读书。我四个姐姐爱跳皮筋，让我帮忙望风，我坐那儿看书，忘了望风，我爸爸回来就把她们骂一顿。

俞敏洪：你有四个姐姐、一个哥哥，结果偏偏你特别爱读书，这也是你后来考上北大的一个基础吧？

李国庆：我看了你的书，我跟你正好相反，从小大家都认为我出类拔萃，爱读书，是好学生，这个虚名一直鼓舞激励着我，我觉得不能让大家失望。

04　当当网创业故事

俞敏洪：你好像从来没有朝九晚五地上班工作过，大学毕业就已经开始做书了。

李国庆：我毕业前就在做了。但我第一份工作是在农村政策研究室，工作了两年，我当时要了一个特殊条件，我说我是北大毕业的，你不让我坐班我就去。他们说不行，得副研究员以上才可以不坐班，我就要求不坐班，每周集中上两个半天班，也经常跑到无锡农村，一住就是 15 天，研究问题。

俞敏洪：在机关单位工作两年，给你的个性带来了什么好处？你好像从来没有在机关工作过的那种个性，你很独立、无所顾忌。

李国庆：既是运气，也是局限。我在发展所，周其仁、林毅夫、陈锡文他们非常包容开放，他们说，来咱们这儿，你自己奋斗的目标是什么？想不想出国留学？那时候有留学热，他们说你自己提计划，我们都愿意支持你。

俞敏洪：这批人对中国的改革开放起了很大作用，尤其是理论上的指导。你后来为什么没有坚持在那里做下去，变成一个理论专家，而是自己跑出来做生意？

李国庆：我觉得我们平民百姓离从政太远，所以 1989 年我决定彻底下海做生意。

俞敏洪：你做书顺利吗？

李国庆：不顺利，我当时背着 150 万元的债，从大学四年级开始到毕业第二年，我编了套书，当时欠印刷厂、造纸厂 150 万元，还积压了几十万册书。

俞敏洪：你当时怎么受得了这么大的压力？这么多钱，完全是“三座大山”。

李国庆：本来有一个大书商想包销那 60 万册书，还给了我 5% 的定金，结果他拿了 15 万册试销，发现不灵光，剩下的 45 万册都不要了。当时几个大书商劝我，国庆，你这辈子也还不上这个钱了，赶紧跑，去美国吧。但我不舍得去，我爸生我的时候都 46 岁了，我毕业他都 67 岁了，我是很孝敬的，父母在不远游，我得陪着他，直到他 95 岁去世。

俞敏洪：老人家高寿，你也是长寿基因啊。

李国庆：但愿吧，我跟我爸一样，天生乐观派，我认为我有办法把这几十万册书卖出去，别人都不信，新华书店也不看好，结果我没一年，扭亏为盈，我当时找各部委组织读书会、发文、推荐，卖出了 45 万册，持平了。

俞敏洪：我得问你个敏感问题了，说说你的恋爱往事。

李国庆：我有土鳖的自卑心，不爱回忆这段。我们那个年代有出国热，我六任女朋友都把我当出国中转站，都出国了，最短的也出国了半年。我从 23 岁大学毕业到 31 岁结婚，谈了六任不过分，全出国了，我就是出国中转站，所以我有自卑心。

俞敏洪：你自己都没出国，为什么女孩子要把你当作出国中转站？

李国庆：有点小钱。你别说女生都真挺不错，她们跟我借机票费，往返 1500 美元，都还了。反而坑我的都是哥们儿，天天问我打借条，从来不还，我 40 岁生日的时候把这些借条都烧了，来了很多朋友。

俞敏洪：你也太小气了吧，女朋友出国，你借钱给她还要写借条啊？

李国庆：那时候 1500 美元也不是小钱，我那小破公司一年利润才 50 万、80 万，现金流紧张。我就觉得我是土鳖，我得娶一个在美国读过书、工作过、开过眼界的人。我 1995 年就去美国，从波士顿、纽约到洛杉矶，找女朋友去了。

俞敏洪：你和孩子关系怎么样？

李国庆：逢年过节都得给孩子包红包，孩子一叫爸爸，我就知道他缺零花钱了。我上次拍短视频腿磕破了，给他心疼坏了，他说怎么 MCN 公司还让你从一米五、两米高的石凳上往下跳啊？我说人家工作也不容易。

俞敏洪：你现在对过去已经发生的事情，已经完全可以心平气和地看待了吗？已经不再计较谁对谁错了？

李国庆：有人在网上这么往我身上泼脏水，我当天晚上还睡了 8 小时呢。有一次你不是说咱们这些企业家谁能睡超过 6 个小时吗？我当时就举手，我说我每天都睡 8 小时。

俞敏洪：对，我发现你身体还可以，真的是拿得起放得下，很厉害。

俞敏洪：时间不早了，我们聊点轻松的吧。这个年龄你还打算谈一场轰轰烈烈的恋爱吗？

李国庆：好问题。我当然想过，虽然我受到创伤，但我依然相信爱情，相信家庭，而且是两性，不是同性。爱情和家庭依然是我相信和向往的。

俞敏洪：你现在在“早晚读书”和平台上除了卖书还在卖别的东西，你未来五年之内准备把这个事业做到什么程度？这个事业的目的和意义是什么？

李国庆：我在当当也是折腾了十几年百货，屡战屡败，现在等于把我在当当的各种品类一类一类再捡起来，只不过是用抖音的模式做。现在面临的挑战也很多，不能靠我一个主播，就像俞老师一个人讲课讲得再好，也成就不了新东方，这是一个硬 bug[1]，我们还

[1] bug：原指计算机程序的缺陷，这里代指商业模式的缺陷。

在找模式。但我仍然想再做一个百亿销售额的公司。

俞敏洪：你觉得靠抖音带货，能完成百亿销售额的梦想吗？尤其是你现在人老色衰的状态。

李国庆：我觉得百亿销售额并不是高不可攀，而且如果只是为了销售额，我也可以不做，我不如认真做好一个亿码洋的图书。不过我自己也迷茫，我又不缺钱，又不指望这个挣钱。

俞敏洪：假如未来实现了你的百亿销售额梦想，你会是一个什么状态？假如未来你连十亿销售额都没有实现，你又会是一个怎样的状态？

李国庆：我更大的梦想是公益梦。我现在带着团队坚持八年，没有八年成不了气候，咱又不是烧钱、砸钱的模式，要八年才能看出来我们是能做到十亿销售额还是百亿销售额。然后我要做专职的公益人，最好带着 10 亿元人民币去做，我现在在物色发展好的公益人士，有善心、初心、章法的好的公益组织，八年后我要专职做公益，再做 20 年。

俞敏洪：有钱做公益当然再好不过，但我觉得做公益更多的是把你的善心、精力和时间真的用到公益上，我特别希望未来我们两个年纪大了，玩商业玩不动了，可以一起实实在在地到农村的小学、中学讲讲课，亲力亲为地做一点公益。特蕾莎修女算是我的榜样之一，她去印度做濒死病人的安抚工作，一开始也身无分文，但后来成为全世界做公益做得最好的人。所以做公益有钱更好，但没有必要有这个执念，非要有 10 亿元才去做公益，我觉得从现在开始我们就可以联手，比如每年向农村地区的孩子捐几千、几万本书，这也算是公益的一部分。

我觉得有两条线把我们连在一起，一是北大这条线，二是我们现在刚好都喜欢读书，都在卖书，都在分享书。我希望这两件事情能把我们联合得更紧，让我们一起共同做点好玩的事情，其次再做点有意义的事情。

李国庆：我们还有更多共同点，都是白手起家，还都曾经一次又一次崩溃。我前一段时间不敢打搅你，今天看你心情依然那么好，哪天我们一起喝个酒，对酒当歌，人生几何。

俞敏洪：好。